BASA와 함께하는
읽기능력 증진 개별화 프로그램

# 읽기 나침반

## 5 음운변동편

| 김동일 저 |

학지사

## 머리말

### 한글해독을 위한 음운변동 익히기

읽기는 인류 역사상 새로운 문명을 개척하는 가장 강력한 요소였으며, 자신을 표현하는 중요한 방식이었습니다. 오늘날 과학기술의 발전과 더불어 매일 새로운 유형의 정보를 접하게 됨에 따라 읽기의 범위는 확장되고, 읽기능력의 중요성은 더욱 강조되고 있습니다. 따라서 읽기능력은 학교 학습의 기초이며, 나아가 학생들의 학업과 생활 전반의 중요한 수단으로써 읽기 활동은 필수적입니다.

학교 현장에는 난독증, 학습부진 및 학습장애뿐만 아니라 다양한 문화 · 경제 · 언어 특성과 같은 요인들로 인하여 읽기 학습에 어려움을 겪는 학생들이 존재합니다. 더욱이 코로나19 이후, 학습권 보장을 위한 각종 기초학력 정책이 화두로 떠올랐습니다. 다양한 교육적 요구를 지닌 학습자를 포함하여 모든 학생의 기초학력 보장을 위한 정책이 더욱 활성화되면서 그 중심에 개별학습자를 위한 정확한 진단 및 적절한 교육 지원의 필요성이 주목받고 있습니다.

2017년부터 서울대학교 특수연구소에서는 『BASA와 함께하는 읽기능력 증진 개별화 프로그램: 읽기 나침반』 시리즈를 발간하였습니다. 읽기에 어려움을 겪는 학습자의 현재 수행 수준과 발달 패턴을 살펴보면서 개별화 교육이 가능하도록 구성하였습니다. 이 시리즈는 BASA(Basic Academic skills Assesment: 기초학습기능 수행평가체제) 읽기검사 결과에 따라 추가적인 중재가 필요한 학습자를 대상으로 학업 필수기술(survival skills)로서 읽기 학습에 초점을 맞추고 있습니다. 따라서 단순히 한글 자모를 외우면서 읽기를 처음 배우는 것을 넘어서서, 다양한 읽기 필수 기능으로서 음운인식, 유창성, 어휘지식, 이해를 계통적으로 밟아 나가며 읽기 전략을 익히도록 기획하였습니다.

1권 〈음운인식편〉은 학습자 중심으로 구성된 '학생용', 그리고 학습자를 돕는 '교사용'으로 구성되었습니다. '학생용'은 총 3단계 과정으로서 1단계에서는 기본모음, 자음을 포함하고, 2단계에서는 쌍자음과 이중모음의 조합을 소개하며, 3단계에서는 복받침을 제외한 받침들을 종류별로 나누어 소개하고 있습니다. 부록에는 학습자가 각 학습 활동에서 사용할 수 있는 붙임딱지와 직접 오려 사용할 수 있는 글자를 포함하여 흥미롭게 진행할 수 있게 제작하였습니다. 이 부록의 글자들은 색깔 코딩이 되어 있어 학습자가 조금 더 의미 있게 한글을 익힐 수 있게 하였습니다.

2권 〈읽기유창성편〉 역시 학습자 중심으로 구성된 '학생용'과 학습자를 돕는 '교사용'으로 구성되어 있으며, 총 3단계 9차시로 구성되어 있습니다. 1단계에는 동요, 동시, 짧은 글을, 2단계에는 감상글, 주장글, 설명글을, 그리고 3단계에는 전래동화, 역할극, 뉴스 글을 구성하여 단계별로 지문의 길이가 늘어나며, 차시별로 다양한 종류의 글을 학습자에게 제공하고 있습니다. 또한 '한 걸음 더 나아가기'를 통하여 학습자가 읽기에서 많이 나타나는 읽기의 법칙을 익히고, 읽기에 흥미와 재미를 가질 수 있는 활동들을 함으로써 읽기에 대한 자신감과 성취감을 느낄 수 있도록 하였습니다. 교사용은 학습자를 지도하는 교육자 또는 학부모가 학습자와 함께할 수 있도록 구성하였습니다.

3권 〈어휘편〉은 초등학교 국어 교과서 어휘들의 빈도분석을 실시하여 학습자에게 우선적으로 가르쳐야 하는 어휘목록을 추출해, 그것을 활용하여 개발하였습니다. 또한 초등학교 교육과정에서 어휘 학습목표를 중심으로 단계를 구분하고, 초등학교 저 · 중 · 고학년에서 사용하는 어휘를 단계적으로 사용해 난이도를 구분하였습니다. 각 단계에서는 학습자가 개념을 충분히 이해할 수 있도록 문제 풀이는 물론 교사 또는 또래와의 상호작용을 통해 능동적으로 참여할 수 있게 하는 활동을 포함함으로써 학습한 개념을 복습하고 응용할 수 있도록 구성하였습니다.

4권 〈읽기이해편〉은 3단계 과정으로 구성하였는데, 각 단계는 초등학교 1~2학년, 3~4학년, 5~6학년 국어 교과서 및 학년 수준의 읽기 자료를 담고 있습니다. 각 단계에서는 읽기 이해에 필수적인 이야기 구성요소 파악하기, 요약하기, 추론하기 등의 개념 및 원리를 학습자가 그림카드, 게임하기, 그래픽 조직자 등 다양한 자료와 활동을 통하여 쉽게 이해하고 적용할 수 있도록 제시하였습니다.

새롭게 발간한 5권 〈음운변동편〉은 1권 〈음운인식편〉과 2권 〈읽기유창성편〉 사이에 활용할 수 있는 교재입니다. 한글의 낱글자의 소리를 익혀 글자와 소리가 일치하는 낱말은 익혔지만 아직 문단 수준의 유창성을 기르기 어려워하는 학습자를 위해 개발되었습니다. 음운규칙에 따라 읽을 때와 쓸 때가 다른 여러 규칙을 익혀 보고 단어, 문장, 문단 수준에서 체계적으로 연습할 수 있는 활동으로 제작되었습니다. 읽기와 쓰기의 정확도를 높여 한글 해독(decoding)을 완성하는 데 목표가 있습니다.

이 시리즈는 읽기를 찬찬히 꼼꼼하게 공부하는 우리 학생을 먼저 생각하여 교과서 및 다양한 읽기 자료를 기반으로 개별화 학습이 가능하도록 구성되었습니다. 우리 학생들이 의미 있는 증거 기반 읽기 전략 학습에 지속적으로 참여하면서 자신의 눈높이에서, 학습자 중심의 자기주도학습의 주체로서 읽기를 배우고 즐기기를 진심으로 기대합니다.

2024년

서울대학교 교육종합연구원 특수교육연구소(SNU SERI) 소장

오름 김동일

## 음운변동이란

음운변동이란 음절과 음절의 경계에서 서로 영향을 주는 것을 의미하며, 형태가 결합되는 과정에서 음소의 교체가 일어나는 현상을 말합니다. 음운변동은 일상적인 대화에서 자연스럽게 일어나며, 대표적인 예시로는 자음 축약현상인 격음화, 자음 교체현상인 경음화, 비음화, 자음 탈락현상인 ㅎ받침 탈락 규칙 등이 있습니다. 한글 해득을 마친 초보적인 학습자가 글자와 소리가 일치하지 않는 음운변동 규칙 단어가 적용된 낱말을 읽어야 할 때 일부 학습자는 자연스럽게 해당 규칙을 적용하여 읽을 수 있습니다. 하지만 일부 학습자는 음운변동 규칙을 적용하지 못하고 한 음절씩 끊어 읽듯이 부자연스럽게 읽곤 합니다. 음운변동 규칙을 자연스럽게 적용하지 못하는 아동은 명시적으로 규칙이 어떻게 적용되는지 학습해야 합니다. 따라서 음운변동 학습의 목적은 음운변동이 일어나는 단어들에 대해 명확하게 이해하고, 이를 바탕으로 소리 내어 글을 읽을 때 명료하게 발음하고자 함입니다.

## 읽기 발달과 음운변동

음운인식은 초기 단어 재인을 설명하는 데 매우 중요한 요소입니다. 이는 철자와 소리 간의 대응 관계에 대한 지식을 의미합니다. 그러나 한글의 단어 재인에서는 한글이 음절 문자로 작용하기 때문에 자소와 음소 간의 대응이 불규칙적으로 변하는 음운변동 또한 자주 발생합니다. 따라서 한글의 단어 재인에서는 음운인식에 관한 지식뿐만 아니라 음운변동에 대한 이해와 적용이 필수적입니다. 하지만 음운인식을 포함한 음운변동에 대한 학습은 어휘나 문법 교육과 비교해 상대적으로 중요성이 강조되지 않았습니다. 그렇지만 읽기에서 발음 습관은 아동의 한글 학습 초기에 형성되며, 단어와 문법을 정확하게 표현한다고 하더라도 잘못된 발음을 구사하면 가장 기본적인 수준에서 오류를 범하게 됩니다. 따라서 한글 학습에서 음운변동은 읽기 발달에 매우 중요한 역할을 합니다.

음운변동에 대한 이해를 통해 아동은 소리의 규칙성을 탐구하고 자연스러운 발음의 원리를 이해할 수 있습니다. 읽기는 언어 소리와 글자 간의 대응 관계를 이해하는 과정입니다. 아동이 음운변동을 학습함으로써 소리와 글자 간의 대응 관계를 이해하고 인지할 수 있게 됩니다. 이는 아동이 글자를 보고 그에 해당하는 소리를 자동으로 인지하고 해석하도록 합니다. 이처럼 음운변동에 대한 학습은 읽기를 위한 기초를 다지는 데 중요한 역할을 하므로, 교수자는 음운변동에 주의를 기울여야 하며 지속적인 학습적 지원을 제공하여 아동의 음운변동에 대한 이해를 촉진해야 합니다.

## 음운변동 지도의 효과

읽기에 어려움을 보이는 학습자는 음운 처리 과정에서부터 어려움을 겪는 경우가 많습니다. 읽기는 글을 음성으로 변환하는 부호 해독 과정으로, 이 과정에서 음운을 기억하고 음운변동이 일어나는 원리를 이해하는 것은 읽기 이해의 첫걸음입니다. 읽기유창성을 가르칠 때 음운변동을 고려하여 지도하면 어떤 오류가 발생하는지 쉽게 파악할 수 있어 읽기유창성을 세분화하여 학습할 수 있는 장점이 있습니다. 또한 음운변동은 철자법과도 관련이 깊으며, 맞춤법의 원리를 이해하고 단어를 숙지한 후 오류를 최소화하는 방향으로 훈련할 수 있습니다.

음운인식이 자동화되어 음운변동 규칙을 자연스럽게 이해할 수 있게 되면, 읽기유창성 역시 높아져 읽기 이해 능력이 향상됩니다. 음운변동이 이루어지는 규칙들은 한글을 익히는 과정에서 자연스럽게 발달하지만, 이를 자연스럽게 학습하지 못한 학습자에게는 명시적으로 가르칠 필요가 있습니다.

한국어는 자음과 모음의 발음이 상대적으로 명확한 언어입니다. 하지만 각 음소를 정확하게 이해하고 있더라도 음운변동을 이해하지 못하면 읽기와 듣기 활동에서 어려움이 생길 수 있습니다. 따라서 한국어를 가르치는 초기 단계에서 음운변동이 포함된 독립적인 발음 가르침을 집중적으로 하는 것은 학습자의 읽기 이해를 지도하는 데 가장 기초적이고 중요한 단계입니다.

김동일 등의 연구에서는 음운인식 및 음운변동 교육을 통해 난독증 위험군 학생 18명을 대상으로 읽기와 쓰기 영역에서의 변화를 확인했습니다. 개별 학생에게 12주 동안 읽기와 철자 통합 중재를 제공한 결과, 전 학년에 걸쳐 사전검사에 비해 사후검사에서 향상된 모습을 관찰할 수 있었습니다.

## 워크북의 구성 방향

이 교재는 음운변동의 틀에서 단어 및 철자 익히기, 읽기유창성 훈련, 쓰기까지 아우를 수 있도록 구성되었습니다. 또한 차시 중에서 필요한 부분을 먼저 진행할 수 있지만 되도록 순차적으로 학습하는 것을 권장합니다. 이는 워크북이 음운변동의 하위영역인 교체, 축약, 탈락, 첨가로 차시의 순서가 구성되어 있기 때문입니다. 만약 상황에 따라 필요한 단원만 선별하여 수업을 진행하게 되는 경우, 먼저 읽기검사를 통해 학생의 수준을 확인해 보는 것이 필요합니다. 이를 통해 학생이 어떤 하위영역에서 오류를 보이는지 파악한 후, 중재를 실시할 수 있습니다.

## <워크북 내 음운변동 구성>

| 음운변동 유형 | 영역에 대한 설명 |
|---|---|
| 연음규칙 | 자음으로 끝나는 음절에 모음으로 시작되는 음절이 이어질 때, 앞 음절의 종성이 뒤 음절로 넘어가 발음되는 현상으로 넓은 의미에서 음운변동으로 간주 |
| 겹받침 | 음운변동의 하위유형은 아니나 불규칙 단어로서 음운변동 학습에 포함 |
| 교체 | • 음절의 끝소리 규칙은 음절의 끝소리가 일곱 자음('ㄱ, ㄴ, ㄷ, ㄹ, ㅁ, ㅂ, ㅇ') 중 하나로 발음되는 현상<br>• 경음화는 경음이 아닌 소리가 경음(된소리)으로 바뀌는 것을 말하며, 한글의 된소리는 ㄲ, ㄸ, ㅃ, ㅆ, ㅉ 다섯 가지가 있음<br>• 비음화에서 말하는 '비음'은 '콧소리'라고도 부르며, 우리말에서 콧소리는 코에서 울리는 소리를 뜻하는데, 대표적으로 'ㄴ' 'ㅁ' 'ㅇ'이 있음. 비음화는 콧소리(비음)가 아닌 소리가 콧소리(비음)로 바뀌어 나는 것을 의미<br>• 유음화에서 말하는 '유음'은 우리말에서 'ㄹ'소리를 의미하며, 유음화는 'ㄹ(유음)'이 아닌 소리가 'ㄹ(유음)'로 바뀌어 나는 것을 뜻함<br>• 구개음화에서 말하는 '구개음(입천장소리)'은 우리말에서 'ㅈ, ㅉ, ㅊ'소리를 의미하며, 구개음화는 구개음이 아닌 소리가 구개음으로 소리가 바뀌는 것을 의미 |
| 축약 | 격음화는 ㄱ, ㄷ, ㅂ, ㅈ이 (앞뒤의) ㅎ을 만나서 ㅋ, ㅌ, ㅍ, ㅊ(격음)이 되는 현상을 의미 |
| 탈락 | ㅎ탈락은 'ㅎ'이 쉽게 탈락하기도 하는 경향으로 인해 '좋은'이 [조:은]으로 발음되고, '낳아'가 [나아]로 발음되는 예를 일컬음 |
| 첨가 | • 음의 첨가는 앞 음절에 받침이 있고, 뒤 음절의 첫 소리가 모음 'ㅣ, ㅑ, ㅕ, ㅛ, ㅠ'인 경우 'ㄴ' 또는 'ㄹ'이 첨가되는 현상. 즉, 표기에는 없었던 음운이 발음할 때 첨가되는 경우<br>• 사이시옷은 순우리말로 된 합성어나 순우리말과 한자어로 된 합성어에서 앞말이 모음으로 끝나면 받침에 'ㅅ'을 삽입하는 규칙을 의미 |

## 음운변동편 활용 팁

첫째, 워크북을 시작하기 전에 BASA 기초학습기능 수행평가체제 읽기유창성을 활용하여 기초선을 측정하고 목표를 설정합니다. 이는 아동의 현재 수행 수준을 점검하고, 학습 속도와 중재 방향 및 계획을 수립하는 데 도움을 줍니다.

둘째, BASA 기초학습기능 수행평가체제 읽기유창성에서 어떠한 오류를 보이는지 구체적으로 분석하고, 중점을 두어 지도해야 할 음운변동에는 어떠한 것이 있는지 확인합니다.

셋째, 워크북은 기본적으로 교사가 원활하게 중재할 수 있도록 음운변동 규칙에 대한 의미, 표준어 규정, 각 음운변동의 교수 Tip을 제공합니다. 워크북을 활용하기 앞서 교사는 앞의 파트를 미리 읽고 음운변동에 대한 내용을 숙지하여, 학습 활동을 진행할 수 있습니다. 이 경우, 학생들의 이해력 증진 및 지식 습득에 도움을 줄 수 있습니다.

넷째, 음운변동 규칙을 학습한 이후, 음운변동을 적용할 수 있는지를 확인하기 위해 각 규칙이 적용되는 '단어 익히기-단어 읽기 연습'을 제시하였습니다. '단어 익히기-단어 읽기 연습'을 통해 해당 차시에서 다루는 음운변동과 단어들에 대한 이해 정도를 확인할 수 있습니다. 이는 학생들의 현재 학습 수준을 파악하고, 적절한 진전을 보이고 있는지 점검할 수 있도록 정보를 제공합니다.

다섯째, '정리하기'에서는 게임을 통해 학습을 점검할 수 있습니다. 다양한 게임 활동을 통해 학생들이 흥미를 유지하면서 학습한 내용을 점검할 수 있습니다.

## 구성과 특징

워크북은 매 단원 여러 가지 활동으로 구성되어 있습니다. 워크북에서는 음운변동이 일어나는 단어를 다양한 각도로 활용할 수 있도록 활동이 제공되고 있습니다. 매 차시 시작 전 음운변동에 대한 이해의 폭을 넓힐 수 있도록 교사용 안내가 제공됩니다. 다음 도입부에는 학생들이 단어를 익힐 수 있도록 단어의 뜻을 그림과 함께 제공하였고 단어의 원리에 대해서도 학습할 수 있습니다. 이후 활동에서는 쓰기를 통해 단어와 문장에서의 쓰임을 익힐 수 있습니다. 또한 읽기유창성에 적용할 수 있도록 지문이 제시되어 있으며, 배운 단어를 활용하여 작문으로까지 응용할 수 있도록 하였습니다. 마지막으로는 게임활동을 통해 재미있게 단원을 마무리할 수 있습니다.

또한 워크북을 기존의 읽기 나침반 시리즈 교재와 연계하여 지도할 경우 활용도가 높아집니다. 음운변동 나침반에서 다루는 영역이 읽기의 넓은 범위에 해당하기에 음운변동 나침반에서 어려움을 겪는 학생일 경우 읽기 나침반 음운인식편, 읽기유창성편을 병행할 수 있고, 목표에 잘 도달하는 학생일 경우 읽기 나침반 어휘편, 읽기이해편 혹은 쓰기 나침반을 활용하여 지도에 효율을 높일 수 있습니다.

## 단원별 활동 구성

### 1. 원리 익히기

음운변동의 원리를 그림과 설명을 통해 익힐 수 있습니다. 글자를 쓸 때와 읽을 때 달라지는 단어의 모습을 확인하며, 매 단원 다양한 음운변동의 원리를 이해할 수 있습니다.

### 2. 단어 익히기

음운변동이 적용되는 단어를 따라 쓰기와 빈칸에 스스로 쓰기를 통해 한글 맞춤법 규정에 따른 올바른 글쓰기를 익힙니다. 읽을 때 다르게 발음되는 단어는 제시된 발음 표기법을 참고하여, 빠르고 정확하게 읽는 연습을 할 수 있습니다.

### 3. 뜻이 잘 드러나게 띄어 읽기

단어 수준을 넘어 처음 문장 단위의 호흡으로 글을 읽는 것이 어려운 학습자를 위해 제시되었습니다. 의미 단위로 띄어 읽기를 연습하면서 한 음절이나 단어로 읽는 것이 아니라 뜻이 잘 드러나도록 자연스럽게 연습을 할 수 있습니다.

### 4. 글 읽고 내용 확인하기

단계별로 지문의 길이가 다른 이야기 글이 제시되어 있습니다. 학습자의 수준에 맞게 1단계와 2단계 글을 모두 읽어 보거나 특정 단계의 글만 골라 읽어 볼 수 있습니다. 글을 읽는 데 소요된 시간을 측정하거나 녹음하고, 녹음한 내용을 들어 보며 바르게 읽은 어절을 확인할 수 있습니다. 글을 읽고 내용을 파악하여 문제를 해결할 수 있습니다.

### 5. 받아쓰기

음운변동이 적용된 단어를 받아쓰기 하며 학습한 내용을 점검할 수 있습니다.

### 6. 정리하기와 점검하기

다양한 게임을 통해 배운 내용을 정리합니다. 학생용 자기점검표 활동은 〈부록〉에 있는 단어 카드를 활용하여, 배운 규칙에 맞게 읽어보면서 각 규칙별로 분류해 봅니다. 또한 각 단원에서 배운 규칙을 스스로 설명하며 학습을 마무리합니다.

# 차례

# 1 단원

## 연음규칙: 동물원에 갔어요

## 연음규칙의 의미

연음은 앞 음절의 끝 자음이 모음으로 시작하는 뒤 음절의 초성으로 이어져 나는 소리를 말합니다. 받침 뒤에 모음으로 시작하는 음절이 오는 경우 받침이 그대로 소리 나거나 대표음으로 바뀌어서 다음 음절로 옮겨 발음됩니다. 예를 들어, '봄이'가 '보미'로, '겨울이'가 '겨우리'로 소리 납니다.

연음 규칙은 크게 두 가지 형태로 나누어 제시할 수 있습니다.

첫째, 홑받침이나 쌍받침이 모음과 연결된 경우입니다. 홑받침이나 쌍받침이 모음으로 시작된 조사, 어미, 접미사(형식 형태소)와 결합하는 경우에는 제 본래의 소리가 뒤 음절 첫소리로 옮겨 발음합니다. 대표적으로 옷이[오시], 덮이다[더피다], 먹이[머기]가 있습니다.

둘째, 겹받침이 모음으로 시작된 조사, 어미, 접미사(형식 형태소)와 결합하는 경우 앞엣것은 남고 뒤엣것은 뒤 음절 첫소리로 옮겨 발음합니다. 다만, 'ㅅ'은 [ㅆ]으로 발음합니다. 넋이[넉씨], 앉아[안자], 없어[업써] 등이 이에 해당합니다.

셋째, 대표음으로 바꾸어서 연음이 이루어지는 형태로 받침 뒤에 'ㅏ' 'ㅓ' 'ㅗ' 'ㅜ' 'ㅟ'로 시작되는 실질 형태소, 곧 구체적이고 실질적인 의미를 가지는 형태소가 오는 경우 받침이 대표음으로 바뀐 형태로 뒤 음절 첫소리로 옮겨 발음합니다. 예를 들어, 겉옷[거돋], 헛웃음[허두슴], 값어치[가버치] 등이 이에 해당합니다.

## 표준어 규정에서의 연음규칙

**제6장 제13항**: 홑받침이나 쌍받침이 모음으로 시작된 조사나 어미, 접미사와 결합되는 경우에는, 제 음가대로 뒤 음절 첫소리로 옮겨 발음한다.

깎아[까까], 옷이[오시], 있어[이써], 낮이[나지], 꽂아[꼬자], 꽃을[꼬츨], 쫓아[쪼차], 밭에[바테], 앞으로[아프로], 덮이다[더피다]

**제6장 제14항**: 겹받침이 모음으로 시작된 조사나 어미, 접미사와 결합되는 경우에는, 뒤엣것만을 뒤 음절 첫소리로 옮겨 발음한다(이 경우, 'ㅅ'은 된소리로 발음함).

넋이[넉씨], 앉아[안자], 닭을[달글], 젊어[절머], 곬이[골씨], 핥아[할타], 읊어[을퍼], 값을[갑쓸], 없어[업:써]

**제6장 제15항**: 받침 뒤에 모음 'ㅏ' 'ㅓ' 'ㅗ' 'ㅜ' 'ㅟ'들로 시작되는 실질 형태소가 연결되는 경우에는, 대표음으로 바꾸어서 뒤 음절 첫소리로 옮겨 발음한다.

밭 아래[바다래], 늪 앞[느밥], 젖어미[저더미], 맛없다[마덥따], 겉옷[거돋], 헛웃음[허두슴], 꽃 위[꼬뒤]

다만, '맛있다, 멋있다'는 [마싣따], [머싣따]로도 발음할 수 있다.

[붙임] 겹받침의 경우에는 그중 하나만을 옮겨 발음한다.

닭 앞에[다가페], 넋 없다[너겁따], 닭 앞에[다가페], 값어치[가버치], 값있는[가빈는]

## 연음규칙 교수 Tip

1) 대부분 연음의 원칙을 따르지만 다음의 경우 예외입니다. 첫째, '강' '방'과 같이 'ㅇ'으로 끝나는 말은 연음이 되지 않습니다. 'ㅇ'을 초성으로 발음할 수 없다는 국어의 발음상 제약 때문입니다. 둘째, 'ㅎ'으로 끝나는 용언 어간의 받침 'ㅎ'도 탈락하므로 연음이 적용되지 않습니다. 해당 규칙은 7단원에서 학습합니다.

   셋째, '굳이[구지]' '밭이[바치]'와 같이 'ㄷ' 'ㅌ'으로 끝나는 말 뒤에 '이'로 시작하는 형식 형태소가 결합할 때에도 연음이 되지 않습니다. 연음이 되려면 'ㄷ' 'ㅌ'이 그대로 초성으로 발음되어야 하는데, 9단원에서 학습하게 될 구개음화가 적용되어 'ㅈ' 'ㅊ'으로 바뀌기 때문입니다.

   이 외에도 연음의 예외는 좀 더 있지만 그 비율은 높지 않습니다. 그런 점에서 연음은 국어의 중요한 발음 원칙이라고 할 수 있습니다.

2) 연음규칙의 기본 원리를 학습할 때는 홑받침이 있는 본인 혹은 친구, 익숙한 사물 등의 이름과 조사(이, 을)를 연결하여 말하기와 쓰기를 반복하면서 개념 이해에 도움을 줄 수 있습니다. 이는 체언에 다양한 조사가 결합한 형태로 성민+이 → [성미니], 밥+이 → [바비], 물+이 → [무리] 등을 예로 들 수 있습니다. 다음으로 용언의 어간에 다양한 어미가 결합한 형태로 연음규칙을 확장하여 학습합니다. 아동의 발달 단계에서 많이 사용하는 표현을 고려하여, 문장 종결법상 '해체'나 '해요체' 등을 먼저 학습하는 것이 좋습니다. '해체'의 경우, 먹+어 → [머거]가 해당하며, '해요체'는 놀+아요 → [노라요]가 이에 속합니다.

3) 이후, 연음규칙이 적용되는 쌍자음이 받침으로 나오는 단어를 학습합니다. 쌍받침이 연음으로 발음되는 경우는, 썼+어요 → [써써요], 닦+아요 → [다까요] 등이 있습니다. 겹받침의 일부 단어가 연

음규칙으로 적용되는 경우는 3단원에서 이어 학습하도록 합니다.

4) 다음으로 대표음으로 바뀌어 소리나는 경우를 학습합니다. 초등학교 저학년의 경우 'ㅏ' 'ㅓ' 'ㅗ' 'ㅜ' 'ㅟ'로 시작되는 실질 형태소의 개념을 기억하고 적용하기 어려울 수 있기 때문에 시간적 여유를 가지고 한두 단어씩 읽기와 쓰기를 반복하며 학습할 필요가 있습니다. 예외 조항인 '맛있다'와 '멋있다'는 '[마딛따], [머딛따]'가 올바른 발음이지만 현실 발음에서 '[마싣따], [머싣따]'가 많이 나타나므로 이것도 표준 발음으로 인정합니다.

5) 개념을 학습한 이후 다른 음운변동이 함께 일어나는 표현으로 확장합니다. 특히, '하십시오체'의 경우 끝소리규칙과 경음화, 비음화 등 다양한 규칙에 의해 복합적인 변동 현상이 나타나므로 음운변동 수업 전반에 걸쳐 지속적으로 학습할 필요가 있습니다. 예를 들어, 받+았습니다 → [바닫씀니다]가 이에 해당합니다.

1단원 시작한 날: 월 일 요일

| 연음규칙 | 동물원에 갔어요 |
| --- | --- |
| 규칙 | • '일요일'은 [이료일]로 읽어요. |

**규칙이 적용되는 단어들을 알아 봅시다.**

일요일

월요일

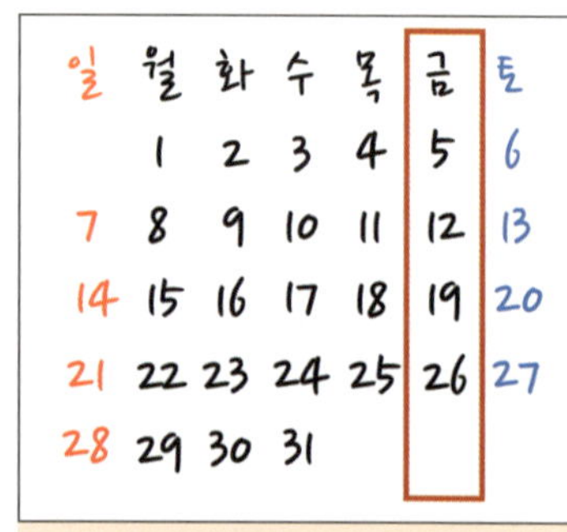

금요일

국어

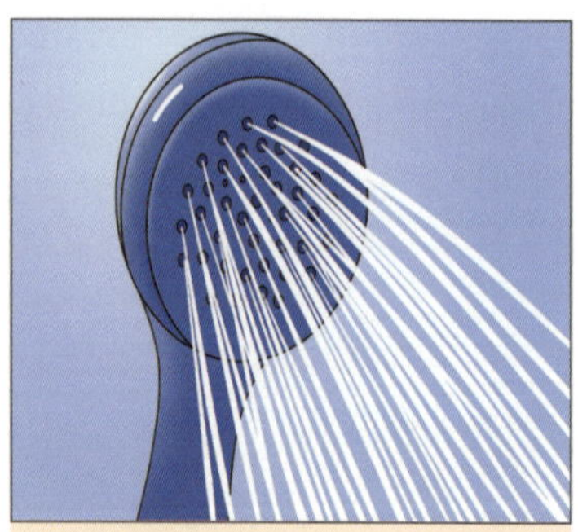
씻어요

거북이

놀이

날아오르다

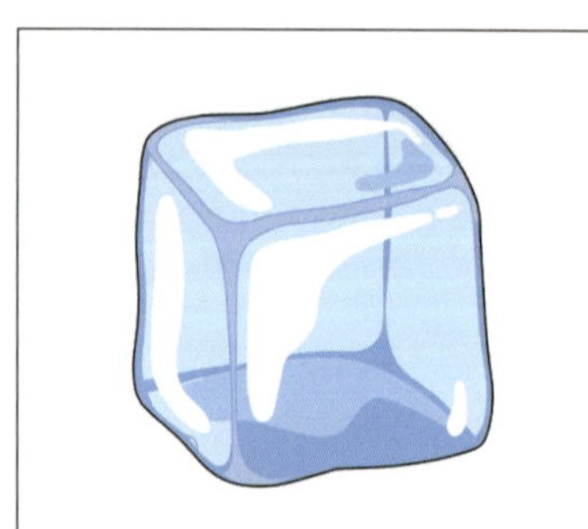
얼음

## 원리 익히기 연음규칙의 원리를 알아 봅시다.

앞 글자의 받침을 뒤로 보내요.
받침이 뒷 글자의 자음 자리로 쏙 들어가요.

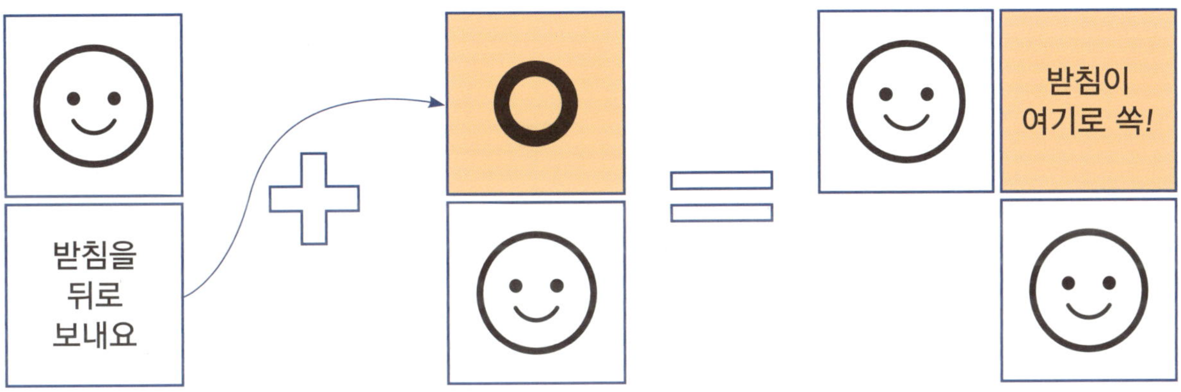


앞 글자의 받침 'ㄱ'이 뒤에 'ㅇ' 대신 들어왔어요!

| 쓸 때 | 읽을 때 |
|---|---|
| 목요일 | 모교일 |

**단어 익히기** 단어를 따라 써 봅시다.

얼음[어름]

얼 음

일요일[이료일]

일 요 일

월요일[워료일]

월 요 일

금요일[그묘일]

금 요 일

거북이[거부기]

거 북 이

씻어요[씨서요]

씻 어 요

날아오르다[나라오르다]

날 아 오 르 다

**단어 익히기** **빠르고 정확하게 단어를 읽어 봅시다.**

종이를 반으로 접어 발음 부분을 가리고, 표기 부분을 보며 단어들을 읽어 봅시다.

| 표기(쓸 때) | 발음(소리 내어 읽을 때) |
|---|---|
| 밥을 | 바블 |
| 먹이 | 머기 |
| 작은 | 자근 |
| 아침에 | 아치메 |
| 명절이 | 명저리 |
| 마법을 | 마버블 |
| 외식을 | 외시글 |
| 좋았어 | 조라써 |
| 가족이 | 가조기 |
| 저녁에 | 저녀게 |
| 오늘은 | 오느른 |
| 집에서 | 지베서 |
| 당근을 | 당그늘 |
| 반으로 | 바느로 |
| 곳에서 | 고세서 |
| 반짝이는 | 반짜기는 |
| 즉석에서 | 즉써게서 |
| 거북이도 | 거부기도 |
| 동물들이 | 동물드리 |
| 과목이야 | 과모기야 |

바르게 읽은 단어: ______ / 20

걸린 시간 최고 기록: 초

**단어 익히기** 알맞은 단어를 고르고, 문장을 따라 써 봅시다.

1) (일요일 / 이료일)에 일찍 일어났구나!

➜ ____________________

2) 학교에 가는 (월요일 / 워료일).

➜ ____________________

3) (얼음 / 어름)을 둥둥 띄운 냉면

➜ ____________________

4) (구거 / 국어)는 내가 제일 좋아하는 과목이야!

➜ ____________________

5) 운동을 하고 난 뒤에 (씻어요 / 씨서요).

➜ ____________________

6) (거북이 / 거부기)가 엉금엉금 기어갑니다.

➜ ____________________

7) 오늘은 어떤 (노리 / 놀이)를 할까?

➜ ____________________

8) 새가 (나라오르다 / 날아오르다).

➜ ____________________

9) 가족이 모두 모여 (그묘일 / 금요일) 저녁에 식사를 해요.

➜ ____________________

## 뜻이 잘 드러나게 띄어 읽기

1. 한 문장을 앞부분과 뒷부분으로 나누어 읽어 봅시다.

- '누가(무엇이)' 다음을 짧게 띄어 읽어 봅시다.

- 띄어 읽는 부분에는 ∨ 표시를 해 봅시다.

| |
|---|
| 1) 새가∨날아오른다. |
| 2) 봄이 되었습니다. |
| 3) 저는 첫째 딸입니다. |
| 4) 축구선수가 무릎을 다쳤어! |
| 5) 아버지께서 부엌에 계신다. |
| 6) 나영이는 꽃을 참 좋아합니다. |
| 7) 그릇에 담긴 음식이 맛있어 보여! |

2. 연음규칙을 지키면서 '누가(무엇이)' 다음을 짧게 띄어 읽어 봅시다. 각각 세 번씩 읽어 봅시다.

| | 1 | 2 | 3 |
|---|---|---|---|
| 1) 새가 날아오른다. | ○ | ○ | ○ |
| 2) 봄이 되었습니다. | | | |
| 3) 저는 첫째 딸입니다. | | | |
| 4) 축구선수가 무릎을 다쳤어! | | | |
| 5) 아버지께서 부엌에 계신다. | | | |
| 6) 나영이는 꽃을 참 좋아합니다. | | | |
| 7) 그릇에 담긴 음식이 맛있어 보여! | | | |

## 글 읽고 내용 확인하기 1단계

### 맛있는 떡볶이

할아버지께서 일요일에 떡볶이를 만들어 주셨어요.
매콤달콤 떡볶이는 내가 제일 좋아하는 간식이에요.
떡 다섯 개, 어묵 세 개. 접시에 먹을 만큼 담았어요.
"할아버지, 떡볶이가 맛있어 보여요, 잘 먹겠습니다."

### 다양하게 읽어 봅시다.

| | 걸린 시간 | 바르게 읽은 어절 수 |
|---|---|---|
| ☆ 천천히 또박또박 읽어 봅시다. | 분 초 | / 29 |
| ☆ 녹음하면서 읽어 봅시다. | 분 초 | / 29 |
| ☆ 녹음한 내용을 듣고 다시 읽어 봅시다. | 분 초 | / 29 |

### 문제를 풀어 봅시다.

1. 떡볶이를 만들어 주신 분은 누구인가요?

① 엄마
② 할아버지
③ 아빠

2. 떡볶이를 언제 만들어 주셨나요?

① 오늘
② 월요일
③ 일요일

## 글 읽고 내용 확인하기 2단계

### 동물원에 갔어요

일요일에 가족과 함께 집에서 가까운 동물원에 갔습니다. 동물원에는 다양한 동물들이 있었습니다. 꿩은 화려한 꼬리 깃털을 뽐내고, 기린은 멋진 그물 무늬를 자랑하는 듯합니다. 작은 동물들이 모여 있는 곳에서 토끼도 만났습니다. 토끼에게 먹이를 주려고 하던 참이었습니다.

"형! 내가 줄래, 당근 나 줘!"

동생이 먹이를 주겠다며 제 손에 있는 당근을 달라고 졸랐습니다. 그걸 보시던 아버지께서 당근을 반으로 나누어 주셨습니다. 나와 동생은 사이좋게 토끼에게 먹이를 주었습니다. 우리는 손가락이 간지러워 꺄르르 꺄르르 웃었습니다.

### 다양하게 읽어 봅시다.

- 천천히 또박또박 읽어 봅시다. ☆
- 큰 소리로 읽어 봅시다. ☆
- 파란색 단어만 큰 소리로 읽어 봅시다. ☆
- 녹음하면서 읽어 봅시다. ☆
- 녹음한 내용을 듣고 다시 읽어 봅시다. ☆

몇 번 읽었나요? ☆☆☆☆☆

## 글 읽고 내용 확인하기 2단계

### 다시 한번 글을 소리 내어 읽어 봅시다.

**동물원에 갔어요**

일요일에 가족과 함께 집에서 가까운 동물원에 갔습니다. 동물원에는 다양한 동물들이 있었습니다. 꿩은 화려한 꼬리 깃털을 뽐내고, 기린은 멋진 그물 무늬를 자랑하는 듯합니다. 작은 동물들이 모여 있는 곳에서 토끼도 만났습니다. 토끼에게 먹이를 주려고 하던 참이었습니다.

"형! 내가 줄래, 당근 나 줘!"

동생이 먹이를 주겠다며 제 손에 있는 당근을 달라고 졸랐습니다. 그걸 보시던 아버지께서 당근을 반으로 나누어 주셨습니다. 나와 동생은 사이좋게 토끼에게 먹이를 주었습니다. 우리는 손가락이 간지러워 까르르 까르르 웃었습니다.

### 문제를 풀어 봅시다.

1. 이 글의 내용과 일치하지 않는 것은 무엇인가요?

① 동물원에는 다양한 동물들이 있었다.
② 화려한 깃털을 지닌 꿩을 보았다.
③ 토끼는 작은 동물들이 모여 있는 곳에 있었다.
④ 형과 동생은 토끼에게 먹이를 주었다.
⑤ 토끼는 당근을 먹지 않았다.

2. 다음 중 동생의 성격을 바르게 표현한 것은 무엇인가요?

① 사납다　　② 소심하다
③ 친절하다　　④ 적극적이다
⑤ 참을성이 있다

## 받아쓰기

앞 글자의 받침이 뒷 글자로 쏙 들어가는 단어를 배웠습니다.

불러주는 단어를 듣고, 받아쓰기를 해 봅시다.

받아쓰기를 완성해서, 정상에 있는 깃발을 뽑아 봅시다.

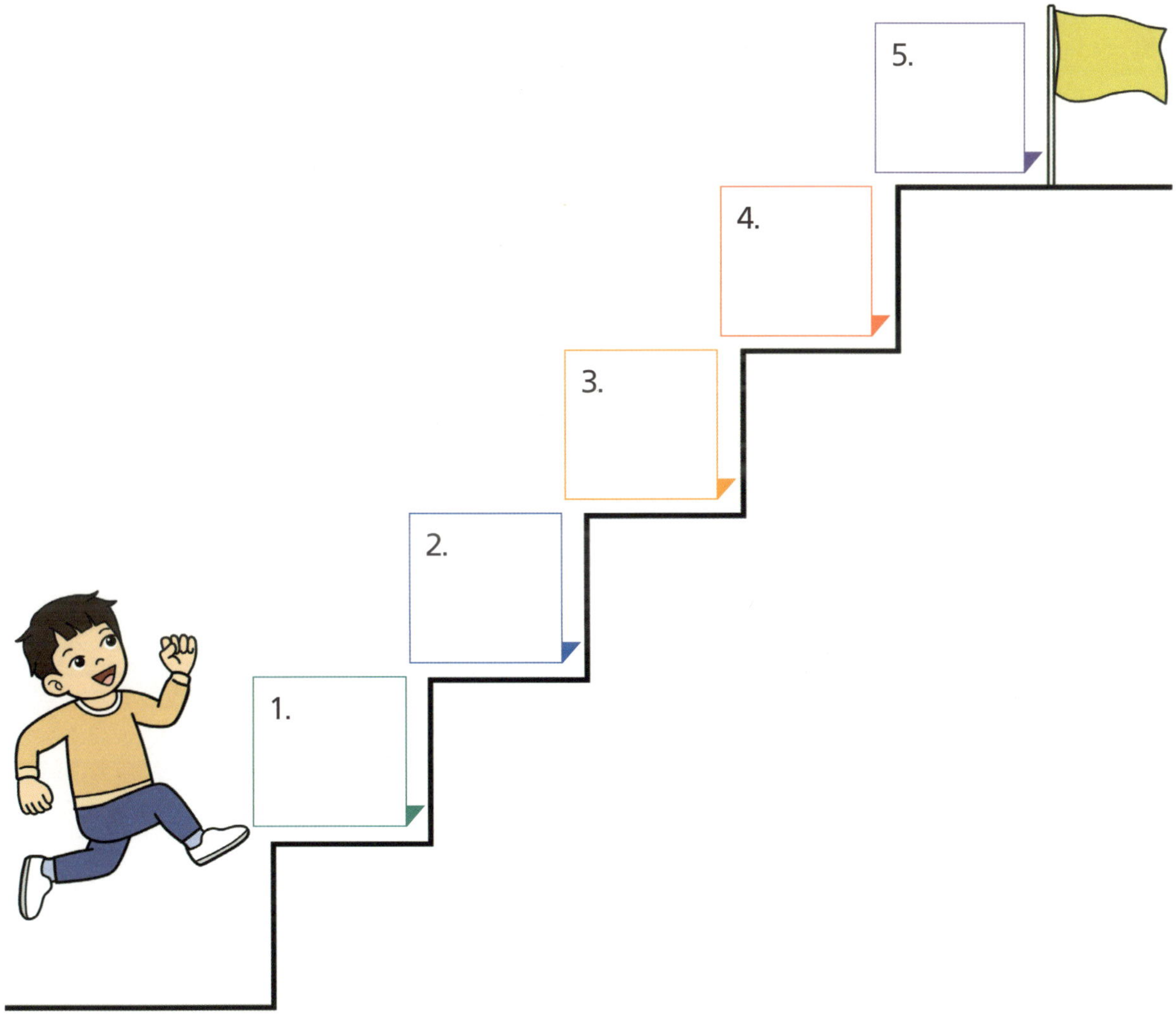

## 정리하기

단어를 바르게 읽고, 동물 카드를 얻어 봅시다.

1. 금요일

2. 씻어요

3. 국어

4. 동물들이

5. 얼음

6. 웃었습니다

7. 날아오르다

8. 동물원

9. 아침에

하트를 몇 개 모았나요? (　　　　)

확인:　　　월　　일　　요일

내가 생각하는 나의 점수는? ☆☆☆☆☆

## 학생용 자기점검표 이번 단원을 잘 학습했나요? 점검해 봅시다.

<부록> 205쪽에 있는 단어 카드를 빠르고 정확하게 읽어 봅시다.
이번 단원에서 배운 규칙 단어를 찾아 봅시다.

이번 단원에서 기억에 남는 단어를 적어 봅시다. 잘 기억이 나지 않으면 <부록> 단어 카드를 참고하여 적어 봅시다.

| |
|---|
| 1. |
| 2. |
| 3. |

이번 단원에서 배운 규칙을 스스로 설명해 보세요.

이번 단원에서 배운 규칙이 사용된 단어를 우리 주변에서 찾아 봅시다.

확인: 년 월 일 요일

내가 생각하는 나의 점수는? ☆☆☆☆☆

# 2단원

# 음절 끝소리 규칙: 꽃 피는 봄날

## 음절 끝소리 규칙의 의미

7종성은 음절의 끝소리가 일곱 자음('ㄱ' 'ㄴ' 'ㄷ' 'ㄹ' 'ㅁ' 'ㅂ' 'ㅇ') 중 하나로 발음되는 현상을 말합니다. 국어의 자음과 모음은 원래 소리 나는 대로 쓰고 소리 나는 대로 읽을 수 있지만, 음절의 끝에 쓰이는 받침들은 정해진 발음으로 읽게 됩니다. 이 외의 자음들은 음절 끝에 오게 되면 이것들 중 하나로 바뀝니다.

예를 들어, 잎은 [입]으로 'ㅍ'이 끝소리 규칙에 의해 'ㅂ'으로 바뀌며, 옷 → [옫], 꽃 → [꼳], 부엌 → [부억] 등은 모두 음절의 끝소리 규칙을 보여 주고 있습니다.

| 받침(표기) | | 음절 끝소리의 발음 | 예 |
|---|---|---|---|
| ㄱ, ㄲ, ㅋ | → | [ㄱ] | 학[학], 낚시[낙씨], 부엌[부억] |
| ㄴ | → | [ㄴ] | 간[간], 반[반] |
| ㄷ, ㅌ | → | [ㄷ] | 낟[낟], 낱[낟] |
| ㅅ, ㅆ | → | [ㄷ] | 낫[낟], 났(다)[낟(따)] |
| ㅈ, ㅊ | → | [ㄷ] | 낮[낟], 낯[낟] |
| ㅎ | → | [ㄷ] | 히읗[히읃] |
| ㄹ | → | [ㄹ] | 달[달] |
| ㅁ | → | [ㅁ] | 감[감] |
| ㅂ, ㅍ | → | [ㅂ] | 밥[밥], 숲[숩] |
| ㅇ | → | [ㅇ] | 망[망], 공[공] |

음절 종성에서 발음이 [ㄱ, ㄷ, ㅂ] 중 하나로 바뀌는 자음들은 모두 장애음이라는 공통점을 지닙니다. 장애음에 대립되는 자음 부류는 공명음이며 비음과 유음이 여기에 속합니다. 공명음은 종성에 놓여도 제 음가대로 발음됩니다. 즉, 'ㄴ' 'ㄹ' 'ㅁ' 'ㅇ'은 종성에서도 온전하게 실현될 수 있는 것입니다. 결과적으로 국어 음절 종성에서 발음될 수 있는 7개의 자음은 장애음 3개(ㄱ, ㄷ, ㅂ)와 공명음 4개(ㄴ, ㄹ, ㅁ, ㅇ)입니다.

## 표준어 규정에서의 음절 끝소리 규칙

**제4장 제8항**: 받침소리로는 'ㄱ' 'ㄴ' 'ㄷ' 'ㄹ' 'ㅁ' 'ㅂ' 'ㅇ'의 7개 자음만 발음한다.

**제4장 제9항**: 받침 'ㄲ' 'ㅋ'과 'ㅅ' 'ㅆ' 'ㅈ' 'ㅊ' 'ㅌ' 그리고 'ㅍ'은 어말 또는 자음 앞에서 각각 대표음 [ㄱ, ㄷ, ㅂ]으로 발음한다.

닦다[닥따], 키읔[키윽], 키읔과[키윽꽈], 옷[옫], 웃다[욷:따], 있다[읻따], 젖[젇], 빚다[빋따], 꽃[꼳], 쫓다[쫃따], 솥[솓], 뱉다[밷:따], 앞[압], 덮다[덥따]

## 음절 끝소리 규칙 교수 Tip

1) 7종성은 종성 발음의 기본 규칙으로 다른 규칙을 적용할 때도 적용되는 경우가 많습니다. 현대 국어의 표기법상으로는 일부 쌍자음을 제외한 대부분의 자음을 종성에 표기할 수 있지만 실제로 발음할 수 있는 것은 'ㄱ' 'ㄴ' 'ㄷ' 'ㄹ' 'ㅁ' 'ㅂ' 'ㅇ'의 7개 자음밖에 없습니다. 그래서 여기에 속하지 않는 자음이 종성에 놓일 때에는 이 7개 자음 중 하나로 바뀌게 됩니다. 따라서 받침으로 올 수 있는 자음을 자음 카드 중에서 골라 보는 활동을 해 봄으로써 7개의 자음이 끝소리로 나타난다는 개념을 학습할 수 있습니다.

2) 학습자가 발음대로 쓸 경우, 쓰기에서 오류가 나타날 수 있다는 것을 인식하여야 쓰기에 효과적인 발달을 가져올 수 있습니다. 한 가지 방법으로 발음기호 안에 제시된 단어와 올바른 쓰기 형태로 제시된 단어를 반복하여 읽어 보도록 안내함으로써 읽기와 쓰기의 차이 인식에 도움을 줄 수 있습니다. 특히, 'ㄷ'의 경우 받침 'ㄷ'뿐 아니라 'ㅅ' 'ㅆ' 'ㅈ' 'ㅊ' 'ㅌ' 받침이 발음할 때 'ㄷ'으로 바뀌게 됩니다. 따라서 받침이 다르지만 소리가 같은 단어를 읽어 보면서 쓰기와 읽기의 발음상 차이를 인식하도록 도울 수 있습니다. 예를 들어, 낫[낟], 낮[낟], 낯[낟], 낱[낟]을 사용해 볼 수 있습니다.

※ 겹받침이 단어의 끝에 오거나 다른 자음 앞에 오면 홑받침이나 쌍받침과는 달리 겹받침을 이루는 두 자음 중 하나가 탈락하게 됩니다. 이것은 음절 종성에서 두 개의 자음이 발음되지 못하는 국어의 음절 구조 제약 때문이며, 이로 인해 결과적으로 겹받침도 음절 종성에서는 제4장 제8항에서 규정된 7개 자음 중 하나로 실현되는데 두 자음 중 탈락되는 단어에 대한 규칙은 3단원에서 학습하게 됩니다.

2단원

시작한 날: 월 일 요일

| 음절 끝소리 규칙 | 꽃 피는 봄날 |
| --- | --- |
| 규칙 | • '꽃'은 [꼳]으로 읽어요. |

## 규칙이 적용되는 단어들을 알아 봅시다.

부엌

그릇

씨앗

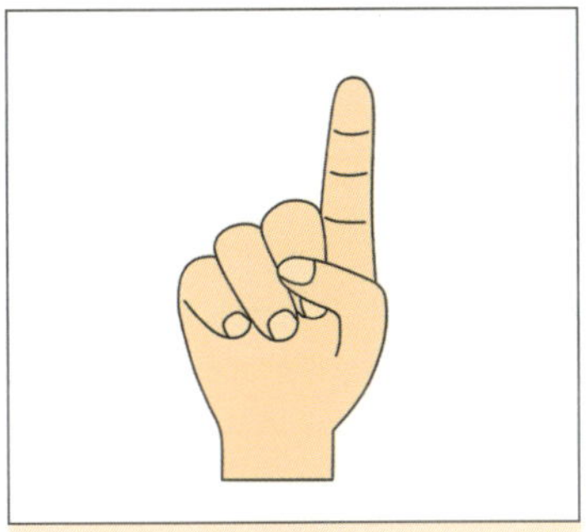

첫째

맞추다

꽃

끝

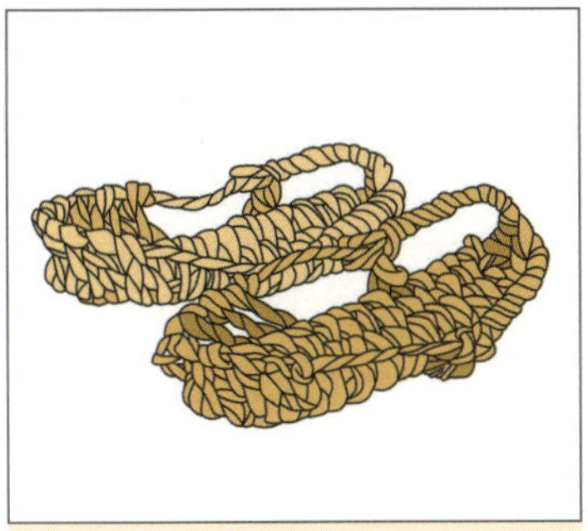

짚신

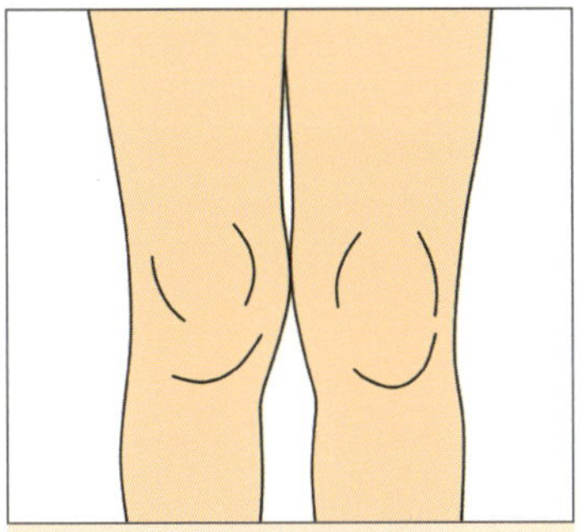

무릎

## 원리 익히기 음절 끝소리 규칙의 원리를 알아 봅시다.

받침소리로는 'ㄱ' 'ㄴ' 'ㄷ' 'ㄹ' 'ㅁ' 'ㅂ' 'ㅇ'의 7개 자음만 발음해요.

'ㄴ' 'ㄹ' 'ㅁ' 'ㅇ'은 그대로 발음해요.
다른 받침은 'ㄱ' 'ㄷ' 'ㅂ'으로 바꾸어 발음해요.

'ㄱ'과 'ㄲ' 'ㅋ'은 'ㄱ'으로 발음해요.
'ㄷ'과 'ㅅ' 'ㅆ' 'ㅈ' 'ㅊ' 'ㅌ'은 'ㄷ'으로 발음해요.
'ㅂ'과 'ㅍ'은 'ㅂ'으로 발음해요.

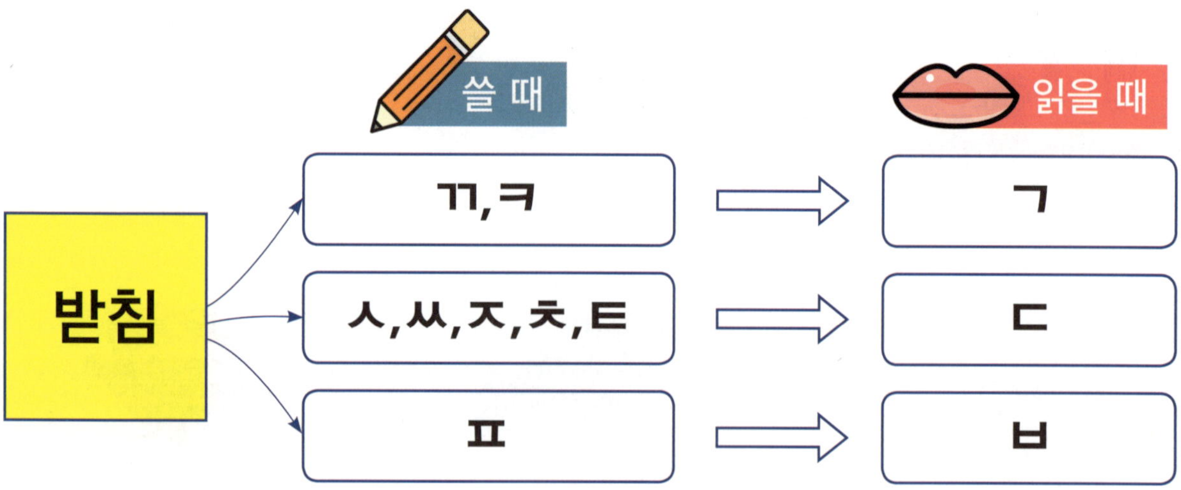

**단어 익히기** **단어를 따라 써 봅시다.**

꽃[꼳]

꽃

끝[끋]

끝

부엌[부억]

부엌

그릇[그륻]

그릇

짚신[집신]

짚신

무릎[무릅]

무릎

씨앗[씨앋]

씨앗

첫째[첟째]

첫째

맞추다[맏추다]

맞추다

## 단어 익히기 빠르고 정확하게 단어를 읽어 봅시다.

종이를 반으로 접어 발음 부분을 가리고, 표기 부분을 보며 단어들을 읽어 봅시다.

| 표기(쓸 때) | 발음(소리 내어 읽을 때) |
|---|---|
| 낮 | 낟 |
| 닦다 | 닥따 |
| 수컷 | 수컫 |
| 눈앞 | 누납 |
| 여섯 | 여섣 |
| 칫솔 | 칟쏠 |
| 촛불 | 촏뿔 |
| 텃밭 | 턷빧 |
| 햇빛 | 핻삗 |
| 빛깔 | 빋깔 |
| 팥죽 | 팓쭉 |
| 콧구멍 | 콛꾸멍 |
| 붓글씨 | 붇끌씨 |
| 초콜릿 | 초콜릳 |
| 해질녘 | 해질녁 |
| 앞쪽에 | 압쪼게 |
| 끝부분이 | 끋뿌부니 |
| 반가웠다 | 반가월따 |
| 숲속에서는 | 숩소게서는 |
| 추워졌지요 | 추워젿찌요 |

바르게 읽은 단어: ______ / 20

걸린 시간 최고 기록: 초

**단어 익히기** 알맞은 단어를 고르고, 문장을 따라 써 봅시다.

1) 퍼즐을 (맏추다 / 맞추다).

→ ______________________________

2) 저는 (첫째 / 첟째) 딸입니다.

→ ______________________________

3) 이야기는 (끝 / 끋)이 중요해!

→ ______________________________

4) 봄이 되니 (꽃 / 꼳)이 폈어요.

→ ______________________________

5) 식목일에 (씨앋 / 씨앗)을 심었어요.

→ ______________________________

6) 아버지께서 (부엌 / 부억)에 계신다.

→ ______________________________

7) 축구선수가 (무릅 / 무릎)을 다쳤어!

→ ______________________________

8) (그릍 / 그릇)에 담긴 음식이 맛있어 보여!

→ ______________________________

9) 옛날에는 운동화 대신 (짚신 / 집신)을 신었어요.

→ ______________________________

## 뜻이 잘 드러나게 띄어 읽기

### 1. 한 문장을 앞부분과 뒷부분으로 나누어 읽어 봅시다.

- '누가(무엇이)' 다음을 짧게 띄어 읽어 봅시다.

- 띄어 읽는 부분에는 ∨ 표시를 해 봅시다.

| 1) 날씨가∨맑아요! |
|---|
| 2) 나는 밖으로 나갔다. |
| 3) 삶은 계란은 맛있어! |
| 4) 아빠는 낚시를 좋아해요. |
| 5) 꽃잎에 물방울이 맺혔다. |
| 6) 그 장난감은 값이 비싸다. |
| 7) 낮말은 새가 듣고, 밤말은 쥐가 듣는다. |

### 2. 음절의 끝소리 규칙을 지키면서 '누가(무엇이)' 다음을 짧게 띄어 읽어 봅시다. 각각 세 번씩 읽어 봅시다.

| | 1 | 2 | 3 |
|---|---|---|---|
| 1) 날씨가 맑아요! | ○ | ○ | ○ |
| 2) 나는 밖으로 나갔다. | | | |
| 3) 삶은 계란은 맛있어! | | | |
| 4) 아빠는 낚시를 좋아해요. | | | |
| 5) 꽃잎에 물방울이 맺혔다. | | | |
| 6) 그 장난감은 값이 비싸다. | | | |
| 7) 낮말은 새가 듣고, 밤말은 쥐가 듣는다. | | | |

## 글 읽고 내용 확인하기 1단계

### 무지개 빛깔

아름다운 숲속에 귀여운 토끼 한 마리가 살고 있었어요.
어느 날, 토끼는 숲속에서 길을 잃어버리고 말았어요.
그때, 숲속 요정이 나타났어요.
숲속 요정은 토끼에게 "무지개 빛깔을 따라가렴."하고 말했어요.

### 다양하게 읽어 봅시다.

| | 걸린 시간 | 바르게 읽은 어절 수 |
|---|---|---|
| ☆ 천천히 또박또박 읽어 봅시다. | 분 초 | / 28 |
| ☆ 녹음하면서 읽어 봅시다. | 분 초 | / 28 |
| ☆ 녹음한 내용을 듣고 다시 읽어 봅시다. | 분 초 | / 28 |

### 문제를 풀어 봅시다.

1. 길을 잃은 인물은 누구인가요?

① 숲속 요정
② 토끼
③ 무지개

2. 숲속 요정은 토끼에게 무엇을 따라가라고 말했나요?

① 씨앗
② 햇빛
③ 무지개 빛깔

## 글 읽고 내용 확인하기 2단계

### 꽃 피는 봄날

봄이 되었습니다. 이번 주말에는 부모님과 함께 꽃 구경을 하기로 했습니다. 나영이는 꽃을 참 좋아합니다. 그래서 이날을 오랫동안 기다렸습니다. 개나리꽃도 보고, 벚꽃도 볼 수 있으니까요.

드디어 주말이 되었습니다. 꽃잎마다 색을 곱게 칠한 것만 같았습니다. 차에서 내리자 향기로운 꽃 내음도 났습니다. 그런데 갑자기 코가 간질거리기 시작했습니다. 자꾸만 재채기도 나왔습니다.

"어머, 나영이 꽃가루 알레르기가 있구나!"

콧물까지 나기 시작하자 부모님은 병원부터 가자고 하셨습니다.

알레르기 때문인지, 아쉬운 마음 때문인지 눈물이 자꾸만 났습니다.

### 다양하게 읽어 봅시다.

- 천천히 또박또박 읽어 봅시다. ☆
- 큰 소리로 읽어 봅시다. ☆
- 파란색 단어만 큰 소리로 읽어 봅시다. ☆
- 녹음하면서 읽어 봅시다. ☆
- 녹음한 내용을 듣고 다시 읽어 봅시다. ☆

몇 번 읽었나요? ☆☆☆☆☆

## 글 읽고 내용 확인하기 2단계

다시 한번 글을 소리 내어 읽어 봅시다.

### 꽃 피는 봄날

봄이 되었습니다. 이번 주말에는 부모님과 함께 꽃 구경을 하기로 했습니다. 나영이는 꽃을 참 좋아합니다. 그래서 이날을 오랫동안 기다렸습니다. 개나리꽃도 보고, 벚꽃도 볼 수 있으니까요.

드디어 주말이 되었습니다. 꽃잎마다 색을 곱게 칠한 것만 같았습니다. 차에서 내리자 향기로운 꽃 내음도 났습니다. 그런데 갑자기 코가 간질거리기 시작했습니다. 자꾸만 재채기도 나왔습니다.

"어머, 나영이 꽃가루 알레르기가 있구나!"

콧물까지 나기 시작하자 부모님은 병원부터 가자고 하셨습니다.

알레르기 때문인지, 아쉬운 마음 때문인지 눈물이 자꾸만 났습니다.

문제를 풀어 봅시다.

1. 이 글의 내용과 일치하지 않는 것은 무엇인가요?

① 나영이는 꽃을 좋아한다.
② 나영이는 봄에 꽃구경을 갔다.
③ 나영이는 걸어서 꽃구경을 갔다.
④ 나영이는 꽃가루 알레르기가 있었다.
⑤ 나영이의 가족들은 함께 병원에 갈 것이다.

2. 다음 중 '나영이'가 눈물이 난 이유는 무엇인가요?

① 벚꽃을 보지 못해서
② 꽃구경을 가기로 해서
③ 친구들과 놀지 못해서
④ 기대했던 꽃이 없어서
⑤ 꽃가루 알레르기가 있어서

## 받아쓰기

글자의 받침이 일곱 자음(ㄱ, ㄴ, ㄷ, ㄹ, ㅁ, ㅂ, ㅇ) 중 하나로 발음되는 단어를 배웠습니다.

불러 주는 단어를 듣고, 받아쓰기를 해 봅시다.

받아쓰기를 완성해서, 정상에 있는 깃발을 뽑아 봅시다.

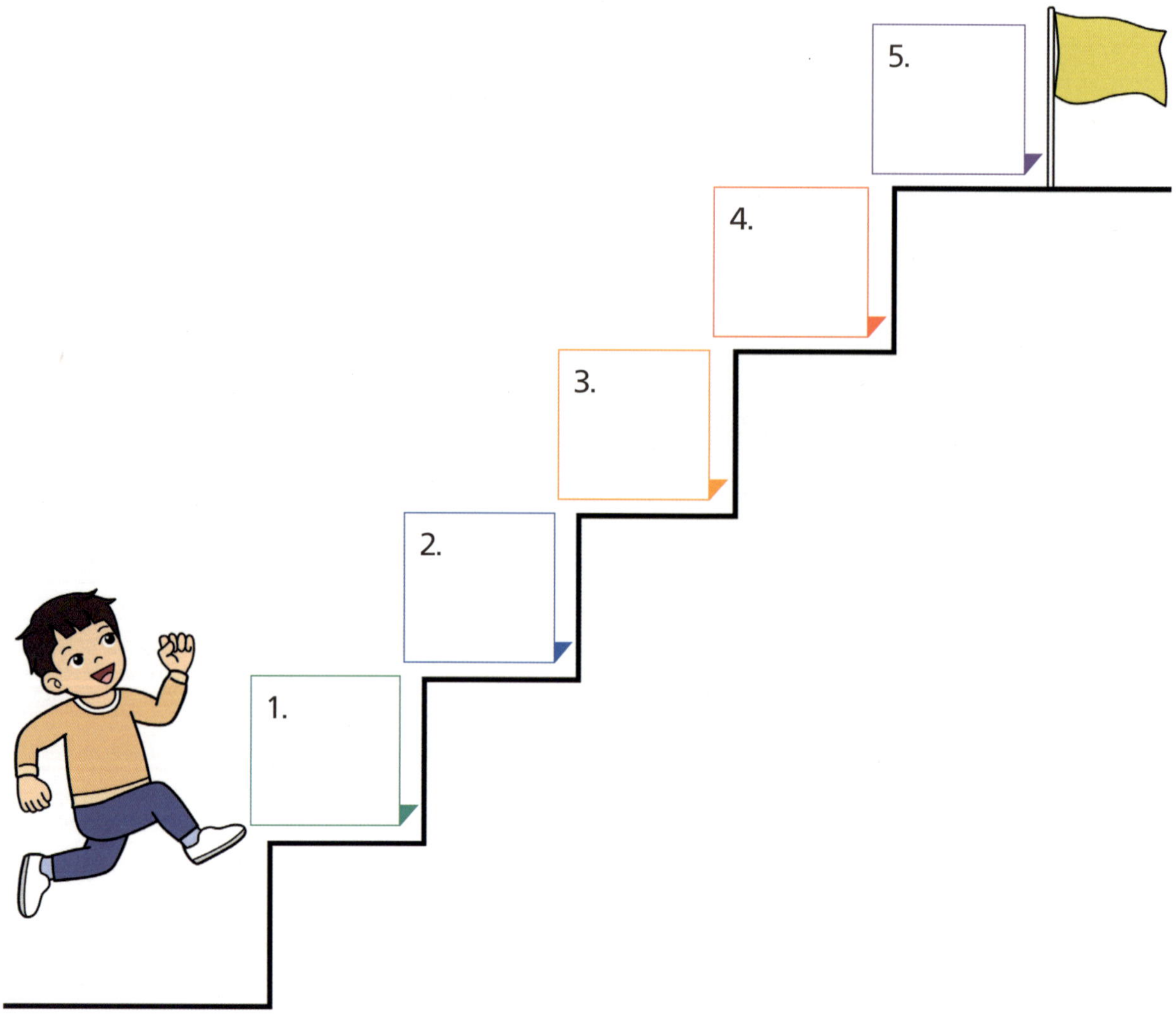

## 정리하기

단어를 바르게 읽고, 꽃꽂이 재료를 모아 봅시다.

1. 부엌

[ ]

2. 끝

[ ]

3. 무릎

[ ]

4. 맞추다

[ ]

5. 꽃

[ ]

6. 그릇

[ ]

7. 첫째

[ ]

8. 씨앗

[ ]

9. 짚신

[ ]

내가 모은 꽃꽂이 재료는?

모은 꽃의 종류는 몇 가지 인가요?

**학생용 자기점검표** **이번 단원을 잘 학습했나요? 점검해 봅시다.**

- <부록> 205쪽에 있는 단어 카드를 빠르고 정확하게 읽어 봅시다.
  이번 단원에서 배운 규칙 단어를 찾아 봅시다.

- 이번 단원에서 기억에 남는 단어를 적어 봅시다. 잘 기억이 나지 않으면 <부록> 단어 카드를 참고하여 적어 봅시다.

| 1. |
|---|
| 2. |
| 3. |

- 이번 단원에서 배운 규칙을 스스로 설명해 보세요.

- 이번 단원에서 배운 규칙이 사용된 단어를 우리 주변에서 찾아 봅시다.

확인: 년 월 일 요일

내가 생각하는 나의 점수는? ☆☆☆☆☆

# 3단원

## 겹받침: 흙과 불로 그릇을 만들어요

## 겹받침의 의미

겹받침이란 서로 다른 두 개의 자음으로 이루어진 받침을 의미합니다. 1단원 연음규칙과 2단원 음절의 끝소리 규칙에서 동일한 두 개의 자음으로 이루어진 받침(쌍받침)의 발음을 학습하였습니다.

3단원 겹받침의 경우, 표준 발음법 규칙에 따라 발음하는 방식이 정해지는데 이는 '자음군 단순화' 유형으로 볼 수도 있습니다. 겹받침의 발음 형태는 크게 3가지로 나누어 볼 수 있습니다. 먼저, 첫 번째 자음이 발음되는 경우로 'ㄳ' 'ㄵ' 'ㄼ' 'ㄽ' 'ㄾ' 'ㅄ' 받침이 해당됩니다. 예를 들어, 값[갑], 몫[목] 등은 첫 번째 자음이 발음됩니다. 다음으로, 두 번째 자음이 발음되는 경우인데, 'ㄺ' 'ㄻ' 'ㄿ' 받침이 이에 해당하며, 젊다[점따], 읊지[읍찌]를 예로 들 수 있습니다. 마지막으로, 불규칙적으로 발음이 되는 경우는 넓다[넙따], 맑고[말꼬], 굵다[굴따]를 예로 들 수 있습니다.

## 표준어 규정에서의 겹받침

**제4장 제10항:** 겹받침 'ㄳ' 'ㄵ' 'ㄼ' 'ㄽ' 'ㄾ' 'ㅄ'은 어말 또는 자음 앞에서 각각 [ㄱ, ㄴ, ㄹ, ㅂ]으로 발음한다.
넋[넉], 넋과[넉꽈], 앉다[안따], 여덟[여덜], 넓다[널따], 외곬[외골], 핥다[할따], 값[갑], 없다[업:따]

다만, '밟-'은 자음 앞에서 [밥]으로 발음하고, '넓-'은 다음과 같은 경우에 [넙]으로 발음한다.

(1) 밟다[밥:따], 밟소[밥:쏘], 밟지[밥:찌], 밟는[밥:는 → 밤:는], 밟게[밥:께], 밟고[밥:꼬]
(2) 넓-죽하다[넙쭈카다], 넓-둥글다[넙뚱글다]

**제4장 제11항:** 겹받침 'ㄺ' 'ㄻ' 'ㄿ'은 어말 또는 자음 앞에서 각각 [ㄱ, ㅁ, ㅂ]으로 발음한다.
닭[닥], 흙과[흑꽈], 맑다[막따], 늙지[늑찌], 삶[삼:], 젊다[점:따], 읊고[읍꼬], 읊다[읍따]

다만, 용언의 어간 발음 'ㄺ'은 'ㄱ' 앞에서 [ㄹ]로 발음한다.
맑게[말께], 묽고[물꼬], 얽거나[얼거나]

## 겹받침 교수 Tip

1) 겹받침을 이루는 두 개의 자음 중 탈락하는 자음을 지도하기 위해 자음, 모음 카드를 이용하여 학생이 조작적으로 시연해 볼 수 있습니다.

2) 겹받침의 두 번째 자음이 탈락하는 경우, 'ㄼ'을 제외한 나머지 겹받침은 항상 두 번째 자음이 탈락합니다. 기본적인 규칙에 적용되는 단어를 조작하며 개념을 학습할 수 있습니다.

3) 'ㄿ'은 앞선 자음이 탈락하여 'ㅍ'이 남게 되는데, 'ㅍ'은 음절 종성에서 [ㅂ]으로 발음되므로 결과적으로 'ㄿ'은 [ㅂ]으로 발음됩니다. 따라서 [ㅂ]으로 소리가 바뀌는 부분에 대해 명시적인 학습이 필요합니다.

4) 예외 규칙은 기본개념 학습 후에 추가로 제시하여야 혼동을 줄일 수 있습니다. 두 번째 자음이 탈락하는 경우의 예외 사항으로 'ㄼ'은 현실 발음을 고려하여 다소 복잡한 규칙에 따라 발음합니다.
'ㄼ'은 원칙적으로는 'ㅂ'을 탈락시켜 [ㄹ]로 발음해야 하지만 '밟-' 뒤에 자음으로 시작하는 어미가 붙을 때는 [ㅂ]으로 발음되고, '넓-'이 포함된 복합어 중 '넓죽하다'와 '넓둥글다' '넓적하다' 등에서도 'ㄹ'을 탈락시켜 [ㅂ]으로 발음합니다.
용언 어간의 겹받침 'ㄺ'은 'ㄱ' 앞에서 앞 자음 'ㄹ' 대신 뒤 자음 'ㄱ'이 탈락하여 [ㄹ]로 발음됩니다. 그래서 'ㄺ'으로 끝나는 어간 뒤에 '-고, -거나, -거든' 등과 같은 어미가 결합하는 경우, 'ㄺ'을 [ㄹ]로 발음합니다. 이 경우, 탈락한 자음 'ㄱ'이 친구('-고, -거나, -거든' 등의 'ㄱ')를 따라가서 발음한다고 알려 줄 수 있습니다. 이것은 용언의 활용형뿐만 아니라 '긁개[글깨], 밝기[발끼]'와 같은 파생어에도 그대로 적용됩니다.

5) 'ㅎ(ㄶ, ㅀ)' 뒤에 'ㅅ'이 결합되는 경우, 'ㄶ, ㅀ' 뒤에 'ㄴ'이 결합되는 경우, 'ㅎ(ㄶ, ㅀ)' 뒤에 모음으로 시작된 어미나 접미사가 결합되는 경우는 추후 차시(9단원)에 제공됩니다.

3단원

시작한 날: 월 일 요일

| 겹받침 | 흙과 불로 그릇을 만들어요 |
| --- | --- |
| 규칙 | • '여덟'은 [여덜]로 읽어요. |

**규칙이 적용되는 단어들을 알아 봅시다.**

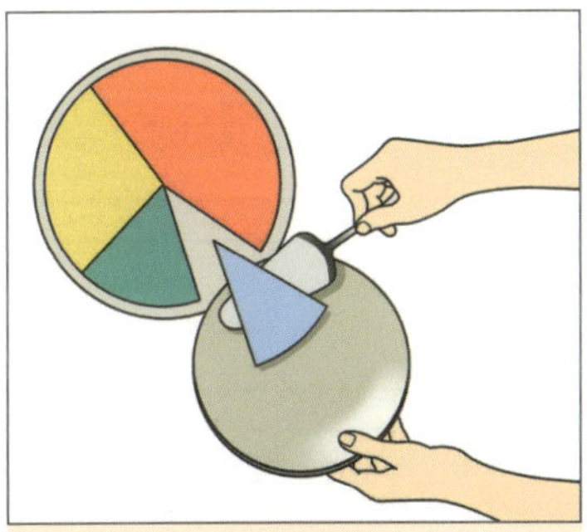

몫

앉다

여덟

밟다

없다

흙

닭

옮기다

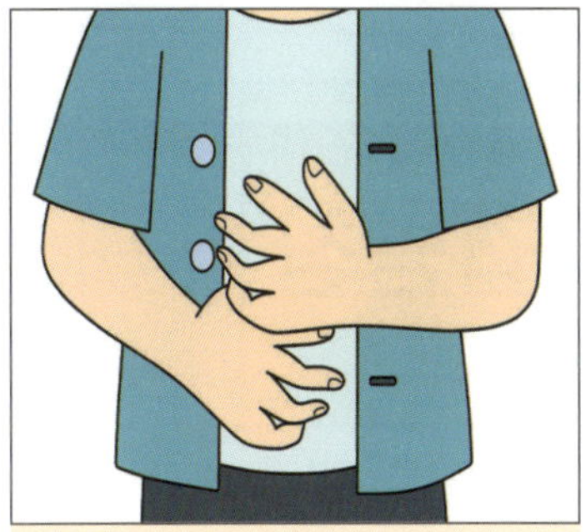

굶다

## 원리 익히기 겹받침의 원리를 알아 봅시다.

받침이 두 개 있을 때는 두 가지 방법으로 발음해요.

① **앞** 글자를 소리 내어 읽는 경우

| 겹받침 | 쓸 때 | 읽을 때 |
|---|---|---|
| | ㄳ | ㄱ |
| | ㄵ | ㄴ |
| | ㄼ, ㄽ, ㄾ | ㄹ |
| | ㅄ | ㅂ |

② **뒷** 글자를 소리 내어 읽는 경우

| 겹받침 | 쓸 때 | 읽을 때 |
|---|---|---|
| | ㄺ | ㄱ |
| | ㄻ | ㅁ |
| | ㄿ | ㅂ |

**단어 익히기** 단어를 따라 써 봅시다.

① **앞** 글자를 소리 내어 읽는 경우

몫[목]

| 몫 | | | |
|---|---|---|---|

앉다[안따]

| 앉 | 다 | | | | |
|---|---|---|---|---|---|

여덟[여덜]

| 여 | 덟 | | | | |
|---|---|---|---|---|---|

② **뒷** 글자를 소리 내어 읽는 경우

흙[흑]

| 흙 | | |
|---|---|---|

닭[닥]

| 닭 | | |
|---|---|---|

굶다[굼따]

| 굶 | 다 | | | | |
|---|---|---|---|---|---|

**단어 익히기** **빠르고 정확하게 단어를 읽어 봅시다.**

종이를 반으로 접어 발음 부분을 가리고, 표기 부분을 보며 단어들을 읽어 봅시다.

| 표기(쓸 때) | 발음(소리 내어 읽을 때) |
|---|---|
| 앉다 | 안따 |
| 떫다 | 떨따 |
| 넓다 | 널따 |
| 붉게 | 불께 |
| 얇게 | 얄께 |
| 훑다 | 훌따 |
| 핥다 | 할따 |
| 앉더니 | 안떠니 |
| 해맑게 | 해말께 |
| 눌러앉는 | 눌러안는 |
| 재미없다면 | 재미업따면 |
| 앎 | 암 |
| 삶 | 삼 |
| 젊다 | 점따 |
| 닭똥 | 닥똥 |
| 암탉 | 암탁 |
| 읊다 | 읍따 |
| 칡덩굴 | 칙떵굴 |
| 굶주림 | 굼주림 |
| 흙투성이 | 흑투성이 |

바르게 읽은 단어: ______ / 20

걸린 시간 최고 기록: 초

**단어 익히기** 알맞은 단어를 고르고, 문장을 따라 써 봅시다.

1) 6 나누기 2의 (몫 / 목)은 3이다.

→

2) 모두 의자에 (앉다 / 안따).

→

3) (여덟 / 여덜) 명이 모두 모였다.

→

4) 바닷가에서 자갈을 (밟다 / 밥따).

→

5) 교실에 아무도 (업따 / 없다).

→

6) (흙 / 흑)에 씨를 뿌려요.

→

7) 아침이 되자 (닥 / 닭)이 울었다.

→

8) 무거운 짐을 (옴기다 / 옮기다).

→

9) 하루 종일 밥을 (굶다 / 굼따).

→

## 뜻이 잘 드러나게 띄어 읽기

### 1. 문장을 띄어 읽어 봅시다.

• '누가(무엇이)' 다음을 짧게 띄어 읽어 봅시다.

• 띄어 읽는 부분에는 ∨ 표시를 해 봅시다.

| |
|---|
| 1) 아이가∨밝게 웃는다. |
| 2) 학생들이 자리에 앉았다. |
| 3) 더러워진 물이 맑게 변했다. |
| 4) 요리사가 재료를 얇게 썰었다. |
| 5) 덜 익은 감이 떫은맛이 난다. |
| 6) 토끼가 여덟 마리나 태어났다. |
| 7) 영식이가 고양이 발을 밟았다. |

### 2. 겹받침 규칙을 지키면서 '누가(무엇이)' 다음을 짧게 띄어 읽어 봅시다. 각각 세 번씩 읽어 봅시다.

| | 1 | 2 | 3 |
|---|---|---|---|
| 1) 아이가 밝게 웃는다. | ○ | ○ | ○ |
| 2) 학생들이 자리에 앉았다. | | | |
| 3) 더러워진 물이 맑게 변했다. | | | |
| 4) 요리사가 재료를 얇게 썰었다. | | | |
| 5) 덜 익은 감이 떫은맛이 난다. | | | |
| 6) 토끼가 여덟 마리나 태어났다. | | | |
| 7) 영식이가 고양이 발을 밟았다. | | | |

## 글 읽고 내용 확인하기 1단계

### 꿈

자기 전에 엄마는 동화책을 읽어 주십니다.
나는 이불을 덮고 잠이 들었습니다.

꿈속에서 우리 가족은 넓은 바다에 놀러 갔습니다.
맑은 바다를 보니 기분이 좋았습니다.
나는 모래사장에 앉아 바다를 바라보다 잠에서 깨어났습니다.

### 다양하게 읽어 봅시다.

| | 걸린 시간 | 바르게 읽은 어절 수 |
|---|---|---|
| ☆ 천천히 또박또박 읽어 봅시다. | 분 초 | / 31 |
| ☆ 녹음하면서 읽어 봅시다. | 분 초 | / 31 |
| ☆ 녹음한 내용을 듣고 다시 읽어 봅시다. | 분 초 | / 31 |

### 문제를 풀어 봅시다.

1. 동화책을 읽어 준 사람은 누구인가요?

① 아빠 ② 엄마 ③ 선생님

2. 나는 꿈에서 무엇을 보았나요?

① 바다 ② 산 ③ 들판

## 글 읽고 내용 확인하기 2단계

### 흙과 불로 그릇을 만들어요

학교에서 그릇을 만들기로 한 날입니다. 하얀 컵에 아기자기한 꽃을 그려 넣은 나만의 컵을 떠올리고 있었습니다.

"이제 자리에 앉으세요, 선생님이 흙을 준비해 왔어요."

선생님이 가져오신 것은 거무튀튀한 진흙이었습니다.

"흙? 흙이 왜 필요해요? 제가 만들고 싶은 그릇은 하얀색인데…."

"걱정하지 말아요. 여러 번 불에 굽고 나면 밝은색으로 바뀐답니다. 그럼, 앞에 있는 친구들이 나와서 재료 옮기는 것을 도와줄래요?"

저는 제 몫의 흙을 받아 들고 자리에 앉았습니다. 선생님께서 알려 주신 대로 흙덩이를 여덟 조각으로 나누어 반죽을 시작했습니다. 흙덩이는 차갑지만 만질수록 참 부드러웠습니다.

### 다양하게 읽어 봅시다.

- 천천히 또박또박 읽어 봅시다. ☆
- 큰 소리로 읽어 봅시다. ☆
- 파란색 단어만 큰 소리로 읽어 봅시다. ☆
- 녹음하면서 읽어 봅시다. ☆
- 녹음한 내용을 듣고 다시 읽어 봅시다. ☆

몇 번 읽었나요? ☆☆☆☆☆

## 글 읽고 내용 확인하기 2단계

### 다시 한번 글을 소리 내어 읽어 봅시다.

**흙과 불로 그릇을 만들어요**

학교에서 그릇을 만들기로 한 날입니다. 하얀 컵에 아기자기한 꽃을 그려 넣은 나만의 컵을 떠올리고 있었습니다.

"이제 자리에 앉으세요, 선생님이 흙을 준비해 왔어요."

선생님이 가져오신 것은 거무튀튀한 진흙이었습니다.

"흙? 흙이 왜 필요해요? 제가 만들고 싶은 그릇은 하얀색인데…."

"걱정하지 말아요. 여러 번 불에 굽고 나면 밝은색으로 바뀐답니다. 그럼, 앞에 있는 친구들이 나와서 재료 옮기는 것을 도와줄래요?"

저는 제 몫의 흙을 받아 들고 자리에 앉았습니다. 선생님께서 알려 주신 대로 흙덩이를 여덟 조각으로 나누어 반죽을 시작했습니다. 흙덩이는 차갑지만 만질수록 참 부드러웠습니다.

### 문제를 풀어 봅시다.

1. 이 글의 내용과 일치하지 않는 것은 무엇인가요?

① 학교에서 그릇을 만들었다.
② 주인공은 꽃이 그려진 컵을 만들려고 하였다.
③ 선생님께서 하얀색 흙을 가져오셨다.
④ 흙을 반죽하며 주인공은 흙덩이가 차갑다고 느꼈다.
⑤ 검은 흙을 여러 번 구우면 밝은색으로 바뀐다.

2. 다음 중 주인공이 만들고 싶었던 그릇에 대한 설명으로 알맞은 것은 무엇인가요?

① 검은색 컵 ② 거무튀튀한 그릇 ③ 꽃이 그려진 그릇
④ 꽃이 그려진 하얀 컵 ⑤ 꽃이 그려진 검은색 컵

## 받아쓰기

겹받침(다른 모양의 받침 두 개)이 있는 단어를 발음하는 법을 배웠습니다.

불러 주는 단어를 듣고, 받아쓰기를 해 봅시다.

받아쓰기를 완성해서, 정상에 있는 깃발을 뽑아 봅시다.

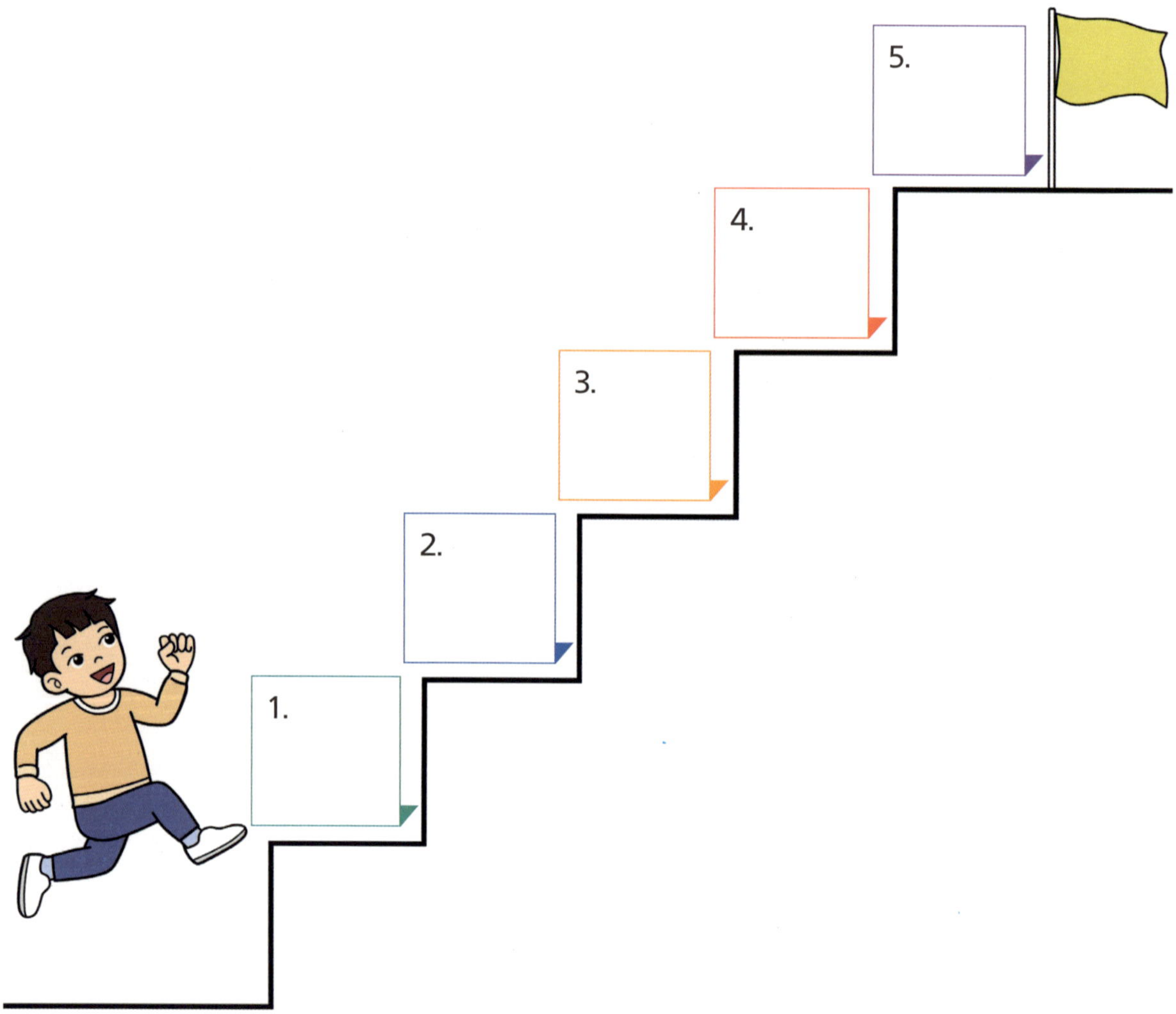

## 정리하기

도자기를 완성해 봅시다.

아래는 읽을 때 나는 소리입니다. 참고하여 위의 빈칸을 바르게 채워 봅시다.

| [가로] | | [세로] | |
|---|---|---|---|
| | ① [흑투성이] | | ① [흑냄새] |
| | ② [어느새] | | ② [성공] |
| | | | ③ [마니] |

도자기를 완성했나요?

확인: 월 일 요일

내가 생각하는 나의 점수는? ☆☆☆☆☆

## 학생용 자기점검표 이번 단원을 잘 학습했나요? 점검해 봅시다.

- <부록> 205~206쪽에 있는 단어 카드를 빠르고 정확하게 읽어 봅시다.
  이번 단원에서 배운 규칙 단어를 찾아 봅시다.

- 이번 단원에서 기억에 남는 단어를 적어 봅시다. 잘 기억이 나지 않으면 <부록> 단어 카드를 참고하여 적어 봅시다.

| |
|---|
| 1. |
| 2. |
| 3. |

- 이번 단원에서 배운 규칙을 스스로 설명해 보세요.

- 이번 단원에서 배운 규칙이 사용된 단어를 우리 주변에서 찾아 봅시다.

확인: 년 월 일 요일

내가 생각하는 나의 점수는? ☆☆☆☆☆

# 4단원

# 경음화:
# 학교에서 칭찬을
# 받았어요

## 경음화의 의미

경음은 된소리를 말합니다. 한글의 된소리는 'ㄲ' 'ㄸ' 'ㅃ' 'ㅆ' 'ㅉ' 다섯 가지가 있습니다. 경음화는 경음이 아닌 소리가 경음으로 바뀌는 것을 말합니다.

구체적으로 'ㄱ'이 'ㄲ'으로 소리가 바뀌고, 'ㄷ'은 'ㄸ'으로, 'ㅂ'은 'ㅃ'으로, 'ㅅ'은 'ㅆ'으로, 'ㅈ'은 'ㅉ'으로 소리가 바뀌는 것을 말합니다.

주로 앞음절의 받침이 'ㄱ' 'ㄷ' 'ㅂ', 즉 파열음일 때 일어나게 되는데, 'ㄱ' 'ㄷ' 'ㅂ' 소리를 내려면 코와 입을 막아야 하고, 그렇게 되면 다음 소리를 발음할 때 높은 압력이 터지면서 된소리로 바뀌게 됩니다.

## 표준어 규정에서의 경음화

**제6장 제23항:** 'ㄱ(ㄲ, ㅋ, ㄳ, ㄺ)' 'ㄷ(ㅅ, ㅆ, ㅈ, ㅊ, ㅌ)' 'ㅂ(ㅍ, ㄼ, ㄿ, ㅄ)'으로 끝나는 말 뒤에 연결되는 'ㄱ' 'ㄷ' 'ㅂ' 'ㅅ' 'ㅈ'은 된소리로 발음한다.

국밥[국빱], 깎다[깍따], 넋받이[넉빠지], 삯돈[삭똔]

**제6장 제24항:** 어간 'ㄴ(ㄵ)' 'ㅁ(ㄻ)' 뒤에 결합되는 어미의 첫소리 'ㄱ' 'ㄷ' 'ㅅ' 'ㅈ'은 된소리로 발음한다.

신고[신:꼬], 껴안다[껴안따], 앉고[안꼬], 얹다[언따]

다만, 피동, 사동 접미사 '-기-'는 된소리로 발음하지 않는다.

안기다, 감기다, 굶기다, 옮기다

**제6장 제25항:** 어간 받침 'ㄼ' 'ㄾ' 뒤에 결합되는 어미의 첫소리 'ㄱ' 'ㄷ' 'ㅅ' 'ㅈ'은 된소리로 발음한다.

넓게[널께], 핥다[할따], 훑소[훌쏘], 떫지[떨:찌]

**제6장 제27항:** 관형사형 '-(으)ㄹ' 뒤에 연결되는 'ㄱ' 'ㄷ' 'ㅂ' 'ㅅ' 'ㅈ'은 된소리로 발음한다.

할 것을[할꺼슬], 갈 데가[갈떼가], 할 바를[할빠를]

**제6장 제28항:** 표기상으로는 사이시옷이 없더라도, 관형격 기능을 지니는 사이시옷이 있어야 할(휴지

가 성립되는) 합성어의 경우에는, 뒤 단어의 첫소리 'ㄱ' 'ㄷ' 'ㅂ' 'ㅅ' 'ㅈ'을 된소리로 발음한다.

문-고리[문꼬리], 눈-동자[눈똥자], 신-바람[신빠람], 산-새[산쌔], 손-재주[손째주], 길-가[길까]

## 경음화 교수 Tip

1) 경음화는 초등학교 교과서에서 규칙 단어, 연음규칙 다음으로 높은 비중을 차지할 만큼 정확히 숙지하여야 하는 음운변동 현상 중 하나입니다. 경음화가 일어나는 단어를 모아서 계속 읽으면서 어떤 차이가 있는지를 자연스럽게 소리를 통해서 이해할 수 있도록 지도하는 것이 필요합니다.

2) 'ㄱ' 'ㄷ' 'ㅂ' 'ㅅ' 'ㅈ' 글자가 'ㄲ' 'ㄸ' 'ㅃ' 'ㅆ' 'ㅉ'로 변화하는 이유에 대해서 충분히 설명해 주세요. 초기 음운인식을 해득한 학생의 경우 표기된 대로만 읽어야 한다고 생각할 수 있습니다. 단어, 구, 문장의 형태로 점진적으로 확장해 가면서 음가가 써 있는 것과 소리 나는 것이 다를 수 있다는 것을 알려 주세요.

3) 경음화는 과거형(예: 힘들었습니다[힘들얻씀니다], 나갔습니다[나갇씀니다] 등)과 같은 형태에서 많이 나타납니다. 따라서 문장 속에서 익힐 수 있도록 경음화가 나타난 문장을 학습하게 해 주세요.

**4단원**　　　　시작한 날: 　　월 　　일 　　요일

| 경음화 | 학교에서 칭찬을 받았어요 |
| --- | --- |
| 규칙 | • '학교'는 [학꾜]로 읽어요. |

## 규칙이 적용되는 단어들을 알아 봅시다.

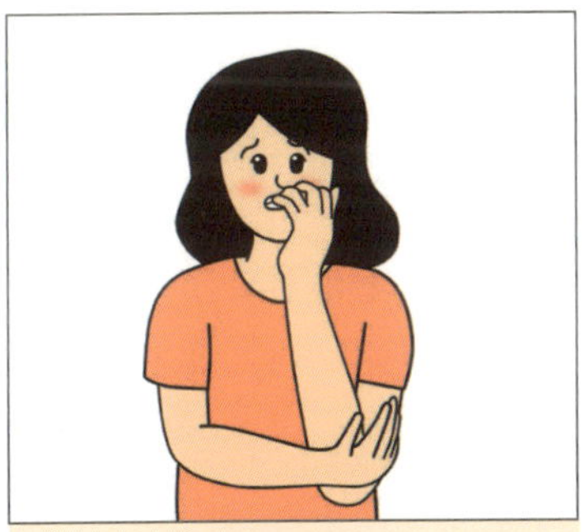
걱정

궁금증

글자

눈길

학교

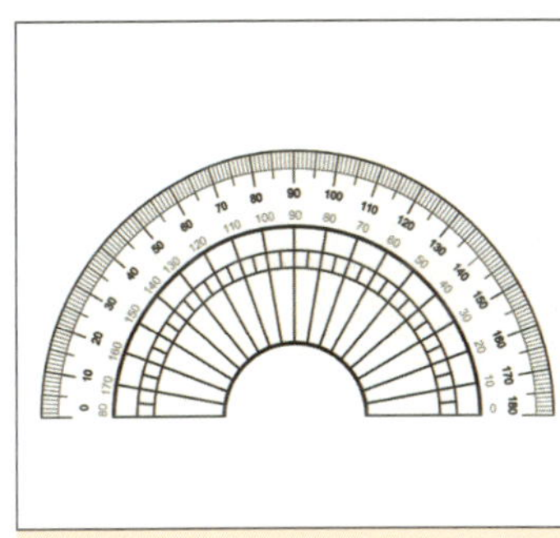
각도기

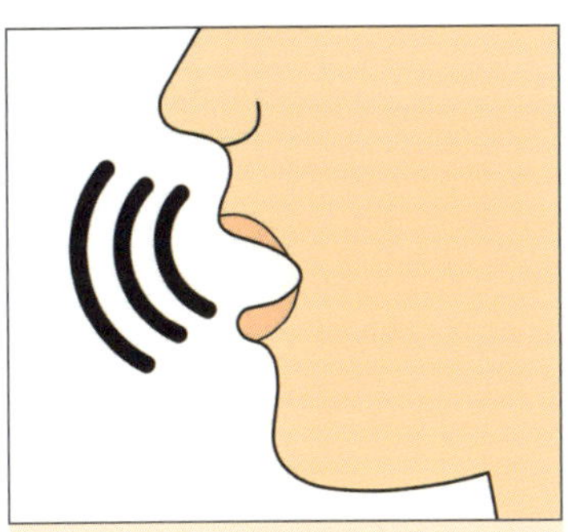
목소리

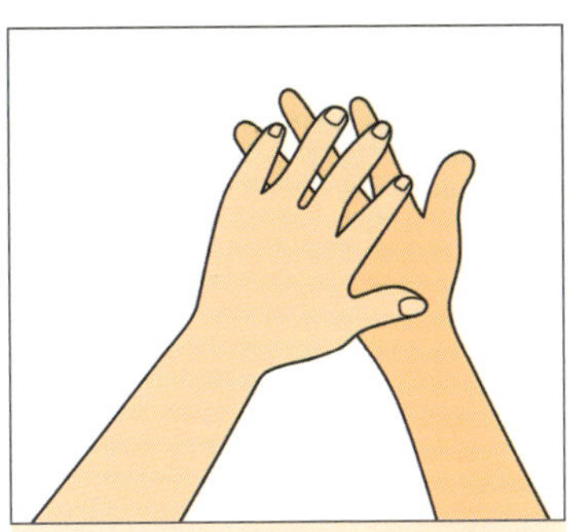
박수

숙제

**원리 익히기** **경음화 규칙의 원리를 알아 봅시다.**

앞 소리의 받침과 만나면 'ㄱ' 'ㄷ' 'ㅂ' 'ㅈ' 소리가 'ㄲ' 'ㄸ' 'ㅃ' 'ㅉ' 소리로 바뀌는 경우가 생겨요.

앞 글자 받침 + 뒷 글자 첫소리 = 뒷 글자 첫소리

뒷 글자 첫소리: ㄱ ㄷ ㅂ ㅈ → 뒷 글자 첫소리: ㄲ ㄸ ㅃ ㅉ

앞 소리의 받침 'ㄱ'이 뒷 글자 'ㄱ'과 만나 'ㄲ' 소리로 바뀌었어요!

학 + 교 → 학꾜

**단어 익히기** **단어를 따라 써 봅시다.**

걱정[걱쩡]

걱 정

글자[글짜]

글 자

박수[박쑤]

박 수

숙제[숙쩨]

숙 제

눈길[눈낄]

눈 길

학교[학꾜]

학 교

각도기[각또기]

각 도 기

목소리[목쏘리]

목 소 리

궁금증[궁금쯩]

궁 금 증

**단어 익히기** **빠르고 정확하게 단어를 읽어 봅시다.**

종이를 반으로 접어 발음 부분을 가리고, 표기 부분을 보며 단어들을 읽어 봅시다.

| 표기(쓸 때) | 발음(소리 내어 읽을 때) |
|---|---|
| 박수 | 박쑤 |
| 음악가 | 으막까 |
| 갔다 | 갇따 |
| 겁쟁이 | 겁쨍이 |
| 얇다 | 얄따 |
| 적절히 | 적쩔히 |
| 허벅지 | 허벅찌 |
| 학습 | 학씁 |
| 웃음기 | 우슴끼 |
| 옆집 | 엽찝 |
| 떠났다 | 떠낟따 |
| 받았다 | 바닫따 |
| 가벼웠다 | 가벼월따 |
| 종이접기 | 종이접끼 |
| 가난했던 | 가난핻떤 |
| 사라졌다가 | 사라젿따가 |
| 간절했습니다 | 간절핻씀니다 |
| 잡아먹었습니다 | 자바머걷씀니다 |
| 가득했습니다 | 가드캗씀니다 |
| 가르치셨다 | 가르치셛따 |

바르게 읽은 단어: ______ / 20

걸린 시간 최고 기록: 초

**단어 익히기** **알맞은 단어를 고르고, 문장을 따라 써 봅시다.**

1) 우리 반 선생님은 (목소리 / 목쏘리)가 좋으시다.

➜ ____________________

2) 수학 문제에 대한 (궁금쯩 / 궁금증)이 생겼다.

➜ ____________________

3) 다음 수학 시간에는 (각또기 / 각도기)를 준비해 오세요.

➜ ____________________

4) (눈길 / 눈낄)을 조심해. 넘어지면 큰일 나.

➜ ____________________

5) (숙제 / 숙쩨)를 미리 하는 것은 좋은 습관이다.

➜ ____________________

6) (글자 / 글짜)를 소리 내서 읽어 봐.

➜ ____________________

7) 동생이 아파서 (걱정 / 걱쩡)이 된다.

➜ ____________________

8) 발표를 마치고 친구들에게 (박수 / 박쑤)를 받았다.

➜ ____________________

9) (학꾜 / 학교) 다녀오겠습니다.

➜ ____________________

## 뜻이 잘 드러나게 띄어 읽기

### 1. 한 문장을 앞부분과 뒷부분으로 나누어 읽어 봅시다.

- '누가(무엇이)' 다음을 짧게 띄어 읽어 봅시다.

- 띄어 읽는 부분에는 ∨ 표시를 해 봅시다.

| |
|---|
| 1) 동생이∨책상을 옮겼다. |
| 2) 나는 축구를 하고 싶다. |
| 3) 우리는 애국가를 불렀다. |
| 4) 스펀지가 물을 흡수하였다. |
| 5) 엄마가 이불을 넓게 펼쳤다. |
| 6) 나는 저녁에 국밥을 먹었다. |
| 7) 선생님이 코로나에 확진되셨다. |

### 2. 경음화 규칙을 지키면서 '누가(무엇이)' 다음을 짧게 띄어 읽어 봅시다. 각각 세 번씩 읽어 봅시다.

| | 1 | 2 | 3 |
|---|---|---|---|
| 1) 동생이 책상을 옮겼다. | ○ | ○ | ○ |
| 2) 나는 축구를 하고 싶다. | | | |
| 3) 우리는 애국가를 불렀다. | | | |
| 4) 스펀지가 물을 흡수하였다. | | | |
| 5) 엄마가 이불을 넓게 펼쳤다. | | | |
| 6) 나는 저녁에 국밥을 먹었다. | | | |
| 7) 선생님이 코로나에 확진되셨다. | | | |

## 글 읽고 내용 확인하기 1단계

### 음악가 선생님

우리 옆집에는 음악가 선생님이 살고 있었습니다.
음악가 선생님은 피아노 연습실을 운영했습니다.
선생님이 피아노를 연주하면 박수가 끊이지 않았습니다.
선생님은 작년 홀연히 사라졌다가 올해 다시 돌아왔습니다.

### 다양하게 읽어 봅시다.

| | 걸린 시간 | 바르게 읽은 어절 수 |
|---|---|---|
| ☆ 천천히 또박또박 읽어 봅시다. | 분 초 | / 26 |
| ☆ 녹음하면서 읽어 봅시다. | 분 초 | / 26 |
| ☆ 녹음한 내용을 듣고 다시 읽어 봅시다. | 분 초 | / 26 |

### 문제를 풀어 봅시다.

1. 옆집에 사는 사람은 누구인가요?

① 수학 선생님
② 요리사 선생님
③ 음악가 선생님

2. 선생님은 언제 돌아오셨나요?

① 작년
② 올해
③ 내년

글 읽고 내용 확인하기 2단계

## 학교에서 칭찬을 받았어요

"이번 수학 숙제는 조금 어려웠죠? 새로운 개념이 어려웠을 거예요." 선생님께서 말씀하셨습니다. 선생님도 친구들이 잘 풀었을지 걱정이 되었어요. "어디 한번 발표해 볼 친구가 있나요?"

나는 정답인지는 알 수 없었지만, 친구들 앞에서 내가 푼 문제를 보여 주고 싶었습니다.

"선생님, 제가 한번 나가서 풀어 볼게요."

나는 저번 시간에 배운 각도의 개념을 생각하여 문제를 풀었습니다. 직각은 두 직선이 만나 90도가 된다는 것을 잘 생각하면서 문제를 풀었어요. 선생님께서는 문제를 잘 풀었다고 칭찬해 주셨어요. 친구들도 박수를 보냈어요. 나는 어려운 문제를 잘 풀었다는 생각에 매우 뿌듯했습니다.

### 다양하게 읽어 봅시다.

- 천천히 또박또박 읽어 봅시다. ☆
- 큰 소리로 읽어 봅시다. ☆
- 파란색 단어만 큰 소리로 읽어 봅시다. ☆
- 녹음하면서 읽어 봅시다. ☆
- 녹음한 내용을 듣고 다시 읽어 봅시다. ☆

몇 번 읽었나요? ☆☆☆☆☆

## 글 읽고 내용 확인하기 2단계

다시 한번 글을 소리 내어 읽어 봅시다.

### 학교에서 칭찬을 받았어요

"이번 수학 숙제는 조금 어려웠죠? 새로운 개념이 어려웠을 거예요." 선생님께서 말씀하셨습니다. 선생님도 친구들이 잘 풀었을지 걱정이 되었어요. "어디 한번 발표해 볼 친구가 있나요?"

나는 정답인지는 알 수 없었지만, 친구들 앞에서 내가 푼 문제를 보여 주고 싶었습니다.

"선생님, 제가 한번 나가서 풀어 볼게요."

나는 저번 시간에 배운 각도의 개념을 생각하여 문제를 풀었습니다. 직각은 두 직선이 만나 90도가 된다는 것을 잘 생각하면서 문제를 풀었어요. 선생님께서는 문제를 잘 풀었다고 칭찬해 주셨어요. 친구들도 박수를 보냈어요. 나는 어려운 문제를 잘 풀었다는 생각에 매우 뿌듯했습니다.

문제를 풀어 봅시다.

1. 두 직선이 만나 90도를 이루는 각을 뭐라고 하나요?

① 둔각 ② 예각 ③ 직각
④ 평각 ⑤ 지각

2. 나는 왜 뿌듯했나요?

① 새로운 개념이 어려워서
② 내 답이 정답인지 알 수 없어서
③ 어려운 문제를 잘 풀어서
④ 친구들이 박수를 치지 않아서
⑤ 선생님이 칭찬을 해 주시지 않아서

## 받아쓰기

불러 주는 단어를 듣고 받아쓰기를 해 봅시다. 정답을 맞히면 학용품 카드를 모을 수 있습니다.

1. 강아지가 아파서 (                ) 돼.

필통

2. (                )가 매우 크다.

책

3. (                )은 미끄럽다.

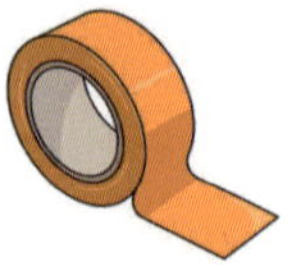

테이프

4. (                )를 써 봅시다.

연필

5. (                )를 깜박하고 안 했어!

가위

6. (                )다녀오겠습니다!

지우개

내가 모은 학용품을 적어 봅시다.

## 정리하기

가운데 칸의 그림을 보고 바른 글자를 찾아 낱말을 완성해 보세요.

| 삐 | 핌 | 삠 |
|---|---|---|
| 미 |  | 빔 |
| 비 | 빰 | 밥 |

(　　　　　)

| 물 | 뭄 | 꼬 |
|---|---|---|
| 키 |  | 고 |
| 코 | 기 | 끼 |

(　　　　　)

확인:　　월　일　요일

내가 생각하는 나의 점수는? ☆☆☆☆☆

## 학생용 자기점검표 이번 단원을 잘 학습했나요? 점검해 봅시다.

- <부록> 205~206쪽에 있는 단어 카드를 빠르고 정확하게 읽어 봅시다.
  이번 단원에서 배운 규칙 단어를 찾아 봅시다.

- 이번 단원에서 기억에 남는 단어를 적어 봅시다. 잘 기억이 나지 않으면 <부록> 단어 카드를 참고하여 적어 봅시다.

| 1. |
|---|
| 2. |
| 3. |

- 이번 단원에서 배운 규칙을 스스로 설명해 보세요.

- 이번 단원에서 배운 규칙이 사용된 단어를 우리 주변에서 찾아 봅시다.

확인:　　　년　월　일　요일

내가 생각하는 나의 점수는? ☆☆☆☆☆

# 5단원

# 비음화:
# 함박눈이 내려요

## 비음화의 의미

비음화에서 말하는 '비음'은 '콧소리'라고도 부릅니다. 우리말에서 콧소리는 코에서 울리는 소리를 뜻하는데, 대표적으로 'ㄴ' 'ㅁ' 'ㅇ'이 있습니다. 비음화는 콧소리(비음)가 아닌 소리가 콧소리(비음)로 바뀌어 나는 것을 말합니다. 구체적으로 앞 음절의 끝소리와 뒤 음절의 첫소리가 만날 때 'ㄱ'은 'ㅇ'으로, 'ㄷ'은 'ㄴ'으로, 그리고 'ㅂ'은 'ㅁ'으로 변화되는 경우를 말합니다.

## 표준어 규정에서의 비음화

**제5장 제18항**: 받침 'ㄱ(ㅋ, ㄲ, ㄺ)' 'ㄷ(ㅅ, ㅆ, ㅈ, ㅊ, ㅌ, ㅎ)' 'ㅂ(ㅍ, ㄿ)'은 'ㄴ' 'ㅁ' 앞에서 [ㅇ, ㄴ, ㅁ]으로 발음한다.

먹는[멍는], 국물[궁물], 깎는[깡는], 키읔만[키응만], 몫몫이[몽목씨], 긁는[긍는], 흙만[흥만], 닫는[단는], 짓는[진:는], 옷맵시[온맵씨], 있는[인는], 맞는[만는], 젖멍울[전멍울], 쫓는[쫀는], 꽃망울[꼰망울], 붙는[분는], 놓는[논는], 잡는[잠는], 밥물[밤물], 앞마당[암마당], 밟는[밤:는], 읊는[음는], 없는[엄:는]

[붙임] 두 단어를 이어서 한 마디로 발음하는 경우에도 이와 같다.

책 넣는다[챙넌는다], 흙 말리다[흥말리다], 옷 맞추다[온맏추다], 밥 먹는다[밤멍는다], 값 매기다[감매기다]

**제5장 제19항**: 받침 'ㅁ' 'ㅇ' 뒤에 연결되는 'ㄹ'은 [ㄴ]으로 발음한다.

담력[담:녁], 침략[침:냑], 강릉[강능], 항로[항노], 대통령[대통녕]

[붙임] 받침 'ㄱ' 'ㅂ' 뒤에 연결되는 'ㄹ'도 [ㄴ]으로 발음한다.

막론[막논 → 망논], 석류[석뉴 → 성뉴], 협력[협녁 → 혐녁], 법리[법니 → 범니]

## 비음화 교수 Tip

1) 비음화는 우리말에서 상당히 자연스럽게 발생하는 음운변동 현상 중 하나입니다. 학생이 비음화가 적용되었을 때의 발음과 비음화가 적용되지 않았을 때의 발음의 차이를 인식하고, 어떻게 발음하는 것이 더 자연스러운지 스스로 이해할 수 있도록 해 주세요.

2) 문장에서 비음화가 적용될 때 'ㄱ'은 'ㅇ'에, 'ㄷ'은 'ㄴ'에, 'ㅂ'은 'ㅁ'에 대응된다는 사실을 분명히 알려 주세요.

3) 순행동화(앞음절 끝소리로 인해 뒤 음절 첫소리가 변화), 역행동화(뒤 음절 첫소리로 인해 앞음절 끝소리가 변화), 상호동화(앞 음절 끝소리와 뒤 음절 첫소리가 상호 영향을 주어 모두 변화)가 적용되는 단어를 모두 접할 수 있게 해 주세요.

4) 심화학습을 위해서는 ① 음절 끝소리 규칙이 적용된 후 비음화가 적용되는 경우(예: 깎는 → 깍는 → 깡는)와 ② 두 단어를 이어서 한 마디로 발음할 때 비음화가 적용되는 경우(예: 밥 먹는다 → 밤멍는다)를 추가로 알려 주세요.

5단원

시작한 날: 월 일 요일

| 비음화 | 맛있는 음료수 |
| --- | --- |
| 규칙 | • '함박눈'은 [함방눈]으로 읽어요.<br>• '음료'는 [음뇨]로 읽어요.<br>• '석류'는 [성뉴]로 읽어요. |

**규칙이 적용되는 단어들을 알아 봅시다.**

함박눈

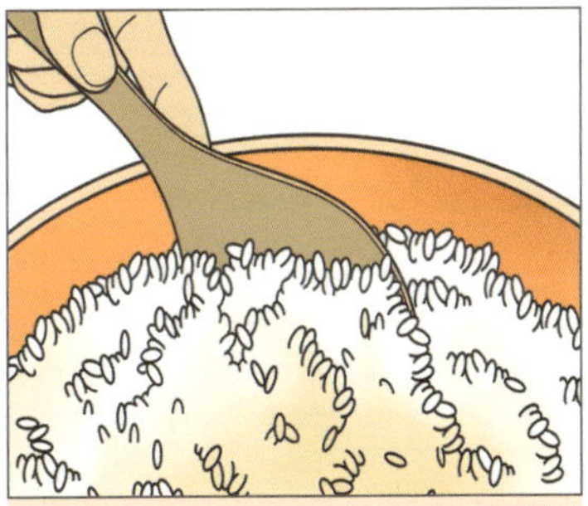

밥맛

식물

음료

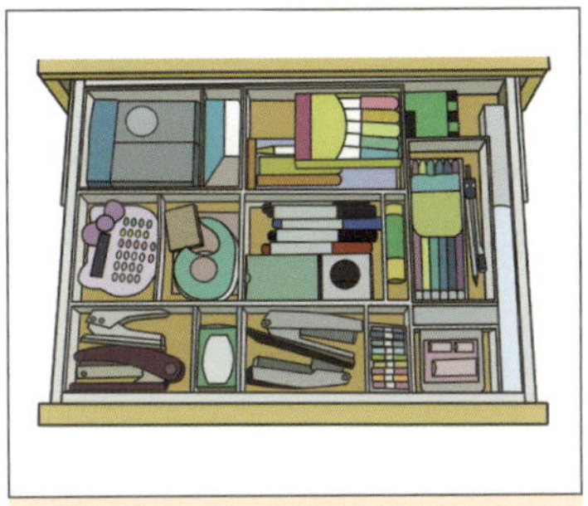

정리

협력

석류

앞날

막내

## 원리 익히기 비음화의 원리를 알아 봅시다.

앞 글자의 끝소리와 뒷 글자의 첫소리가 만나 'ㄴ' 'ㅁ' 'ㅇ' 소리로 변해요.

**1**

앞 글자 끝소리 + 뒷 글자 첫소리 ⇨ 앞 글자 끝소리 + 뒷 글자 첫소리

[ㄱ,ㄷ,ㅂ] ⟵ [ㄴ,ㅁ] [ㅇ,ㄴ,ㅁ] [ㄴ,ㅁ]

닫 + 는 → [단는]

**2**

앞 글자 끝소리 + 뒷 글자 첫소리 ⇨ 앞 글자 끝소리 + 뒷 글자 첫소리

[ㅁ,ㅇ] ⟶ [ㄹ] [ㅁ,ㅇ] [ㄴ]

음 + 료 → [음뇨]

**3**

앞 글자 끝소리 + 뒷 글자 첫소리 ⇨ 앞 글자 끝소리 + 뒷 글자 첫소리

[ㄱ,ㅂ] ⟷ [ㄹ] [ㅇ,ㅁ] [ㄴ]

석 + 류 → [성뉴]

**단어 익히기** 단어를 따라 써 봅시다.

앞날[암날]

앞 날

밥맛[밤맛]

밥 맛

막내[망내]

막 내

식물[싱물]

식 물

음료[음뇨]

음 료

정리[정니]

정 리

협력[협녁]

협 력

석류[성뉴]

석 류

함박눈[함방눈]

함 박 눈

## 단어 익히기 빠르고 정확하게 단어를 읽어 봅시다.

종이를 반으로 접어 발음 부분을 가리고, 표기 부분을 보며 단어들을 읽어 봅시다.

| 표기(쓸 때) | 발음(소리 내어 읽을 때) |
|---|---|
| 격려 | 경녀 |
| 앞문 | 암문 |
| 녹는 | 농는 |
| 국물 | 궁물 |
| 악몽 | 앙몽 |
| 심리 | 심니 |
| 능력 | 능녁 |
| 종류 | 종뉴 |
| 통로 | 통노 |
| 입력 | 임녁 |
| 백로 | 뱅노 |
| 식량 | 싱냥 |
| 독립 | 동닙 |
| 건축물 | 건충물 |
| 굽는다 | 굼는다 |
| 추석날 | 추성날 |
| 겉모습 | 건모습 |
| 박물관 | 방물관 |
| 염라대왕 | 염나대왕 |
| 민속놀이 | 민송노리 |

바르게 읽은 단어: ________ / 20

걸린 시간 최고 기록: 초

**단어 익히기** **알맞은 단어를 고르고, 문장을 따라 써 봅시다.**

1) (성뉴 / 석류)는 빨간 과일이다.

→ ____________________

2) (식물 / 싱물) 분갈이를 했습니다.

→ ____________________

3) 우리 집 (망내 / 막내)는 6살이다.

→ ____________________

4) (함박눈 / 함방눈)이 펑펑 내렸어요.

→ ____________________

5) 내 방은 항상 잘 (정니 / 정리)되어 있다.

→ ____________________

6) 나는 톡 쏘는 탄산(음료 / 음뇨)를 좋아해.

→ ____________________

7) 간식을 많이 먹었더니 (밤맛 / 밥맛)이 없네.

→ ____________________

8) 우리 반 모두가 (혐녁 / 협력)해서 시합에서 이겼다.

→ ____________________

9) 나의 (앞날 / 암날)에는 어떤 일들이 기다리고 있을까?

→ ____________________

## 뜻이 잘 드러나게 띄어 읽기

1. 문장을 띄어 읽어 봅시다.

- 꾸며 주는 말과 꾸밈을 받는 말을 붙여 읽어 봅시다.
- 꾸며 주는 말이 길면 '을, 를' 뒤를 띄어 읽어 봅시다.
- 띄어 읽는 부분에는 ∨ 표시를 해 봅시다.

| |
|---|
| 1) 석류는∨빨간 과일이다. |
| 2) 웃는 얼굴이 보기 좋다. |
| 3) 함박눈이 펑펑 내렸어요. |
| 4) 새빨간 거짓말을 하더군. |
| 5) 밥 짓는 냄새가 너무 좋구나. |
| 6) 아빠께서 따끈한 국물을 드셨다. |
| 7) 나는 톡 쏘는 탄산음료를 좋아해. |

2. 비음화를 지키면서 읽어 봅시다. 꾸며 주는 말은 붙여 읽고, 꾸며 주는 말이 길면 '을, 를' 뒤를 짧게 띄어 읽어 봅시다. 각각 세 번씩 읽어 봅시다.

| | 1 | 2 | 3 |
|---|---|---|---|
| 1) 석류는 빨간 과일이다. | ○ | ○ | ○ |
| 2) 웃는 얼굴이 보기 좋다. | | | |
| 3) 함박눈이 펑펑 내렸어요. | | | |
| 4) 새빨간 거짓말을 하더군. | | | |
| 5) 밥 짓는 냄새가 너무 좋구나. | | | |
| 6) 아빠께서 따끈한 국물을 드셨다. | | | |
| 7) 나는 톡 쏘는 탄산음료를 좋아해. | | | |

## 글 읽고 내용 확인하기 1단계

### 저녁 시간

저녁 7시는 우리 가족이 모두 모여 밥 먹는 시간이에요. 나는 밥 짓는 냄새를 맡으며 이 시간을 기다렸어요. 먼저, 아버지께서 따끈한 국물을 드시며 말씀하셨어요.

"와, 국물이 정말 끝내준다."

환하게 웃는 아버지의 얼굴을 보니 나는 기분이 좋아졌어요.

### 다양하게 읽어 봅시다.

| | 걸린 시간 | 바르게 읽은 어절 수 |
|---|---|---|
| ☆ 천천히 또박또박 읽어 봅시다. | 분　초 | / 37 |
| ☆ 녹음하면서 읽어 봅시다. | 분　초 | / 37 |
| ☆ 녹음한 내용을 듣고 다시 읽어 봅시다. | 분　초 | / 37 |

### 문제를 풀어 봅시다.

1. 우리 가족은 몇 시에 저녁밥을 먹나요?

① 6시　② 7시　③ 8시

2. 아버지는 무엇을 드셨나요?

① 물　② 국물　③ 탄산음료

## 글 읽고 내용 확인하기 2단계

### 함박눈이 오는 날

어젯밤 우리 집 앞마당에 함박눈이 내렸어요. 온 세상이 하얗게 변했어요. 저는 아침 일찍 일어나 이부자리를 정리하고, 막냇동생과 함께 마당에서 놀았어요. 동생과 함께 협력하여 눈사람도 만들고, 눈싸움도 하고, 아주 즐겁게 지냈어요.

한참을 놀다 보니 저와 동생은 배가 고파졌어요. 그래서 집으로 돌아와 어머니께서 차려 주신 아침밥을 먹고, 후식으로 음료도 마셨어요. 허겁지겁 먹던 막내는 "놀고 먹으니 밥맛이 꿀맛이네!"라며 큰 소리로 말했어요. 그 소리를 들은 우리 가족 모두는 크게 웃었어요. 저는 어서 윗마을에도 아랫마을에도 함박눈이 가득 내려서 또 신나게 노는 날을 기다려요.

### 다양하게 읽어 봅시다.

- 천천히 또박또박 읽어 봅시다. ☆
- 큰 소리로 읽어 봅시다. ☆
- 파란색 단어만 큰 소리로 읽어 봅시다. ☆
- 녹음하면서 읽어 봅시다. ☆
- 녹음한 내용을 듣고 다시 읽어 봅시다. ☆

몇 번 읽었나요? ☆☆☆☆☆

## 글 읽고 내용 확인하기 2단계

다시 한번 글을 소리 내어 읽어 봅시다.

### 함박눈이 오는 날

어젯밤 우리 집 앞마당에 함박눈이 내렸어요. 온 세상이 하얗게 변했어요. 저는 아침 일찍 일어나 이부자리를 정리하고, 막냇동생과 함께 마당에서 놀았어요. 동생과 함께 협력하여 눈사람도 만들고, 눈싸움도 하고, 아주 즐겁게 지냈어요.

한참을 놀다 보니 저와 동생은 배가 고파졌어요. 그래서 집으로 돌아와 어머니께서 차려 주신 아침밥을 먹고, 후식으로 음료도 마셨어요. 허겁지겁 먹던 막내는 "놀고 먹으니 밥맛이 꿀맛이네!"라며 큰 소리로 말했어요. 그 소리를 들은 우리 가족 모두는 크게 웃었어요. 저는 어서 윗마을에도 아랫마을에도 함박눈이 가득 내려서 또 신나게 노는 날을 기다려요.

문제를 풀어 봅시다.

1. 다음 중 글의 내용을 바르게 이해하지 못한 학생은 누구인가요?

① 은수: 눈이 내리는 걸 보니 겨울이네.
② 동호: 하루 중 아침에 일어난 일이야.
③ 태영: 아침부터 밖에서 놀아서 어머니께 혼났겠다.
④ 민철: 앞마당에 눈이 많이 내려서 하얗게 보이나 봐.
⑤ 하영: 또 눈이 와서 밖에서 노는 날만 기다리고 있어.

2. 다음 중 막냇동생의 성격으로 알맞은 것은 무엇인가요?

① 소심하다 ② 우울하다
③ 활기차다 ④ 심술궂다
⑤ 퉁명스럽다

## 받아쓰기

💛 비음이 아닌 소리가 비음으로 바뀌어 소리나는 단어를 배웠습니다.

💛 불러 주는 단어를 듣고, 받아쓰기를 해 봅시다.

1. (                    )이 끝내줘요!

10점

2. 나는 (                    )이 좋아요.

10점

3. 서로 (                    )해야 한다.

20점

4. (                    )에 누가 이사를 왔어요.

20점

5. (                    )에 개가 나타났어요.

20점

6. (                    ) 옛적에는 용이 살았대.

20점

내 점수는 몇 점인가요? (          )

## 정리하기

다음 낱말들 중 바르게 쓰지 못한 낱말들을 찾아 검게 칠해 봅시다. 그리고 어떤 모양이 나타나는지 말해 봅시다.

| 엄는 | 친구 | 강능 | 암날 | 경녀 | 사랑 | 음뇨 |
|---|---|---|---|---|---|---|
| 꽃망울 | 부엌 | 소리 | 혐녁 | 식물 | 강릉 | 없는 |
| 밥물 | 윗마을 | 협력 | 격려 | 국물 | 아랫마을 | 함박눈 |
| 꼰망울 | 밥맛 | 음료 | 앞마당 | 앞날 | 닫는다 | 단는다 |
| 대통녕 | 정니 | 정리 | 건축물 | 대통령 | 건모습 | 함방눈 |
| 암마당 | 깡는 | 옌날 | 깎는 | 싱물 | 궁물 | 망내 |

**학생용 자기점검표** **이번 단원을 잘 학습했나요? 점검해 봅시다.**

- <부록> 206~207쪽에 있는 단어 카드를 빠르고 정확하게 읽어 봅시다.
  이번 단원에서 배운 규칙 단어를 찾아 봅시다.

- 이번 단원에서 기억에 남는 단어를 적어 봅시다. 잘 기억이 나지 않으면 <부록> 단어 카드를 참고하여 적어 봅시다.

| 1. |
|---|
| 2. |
| 3. |

- 이번 단원에서 배운 규칙을 스스로 설명해 보세요.

- 이번 단원에서 배운 규칙이 사용된 단어를 우리 주변에서 찾아 봅시다.

확인: 년 월 일 요일

내가 생각하는 나의 점수는? ☆☆☆☆☆

# 6단원

## 유음화:
## 물놀이를 가요

## 유음화의 의미

유음화에서 말하는 '유음'은 우리말에서 'ㄹ' 소리를 의미합니다. 유음화는 'ㄹ(유음)'이 아닌 소리가 'ㄹ(유음)'로 바뀌어 나는 것을 말합니다.

앞 음절의 끝소리와 뒤 음절의 첫소리에 'ㄴ'과 'ㄹ'이 붙어 있으면, 'ㄴ'이 어느 쪽에 있든지 'ㄹ' 소리로 바뀌게 됩니다.

## 표준어 규정에서의 유음화

**제5장 제20항**: 'ㄴ'은 'ㄹ'의 앞이나 뒤에서 [ㄹ]로 발음한다.

(1) 난로[날:로], 신라[실라], 천리[철리], 광한루[광:할루], 대관령[대:괄령]
(2) 칼날[칼랄], 물난리[물랄리], 줄넘기[줄럼끼], 할는지[할른지]

[붙임] 첫소리 'ㄴ'이 'ㅀ', 'ㄾ' 뒤에 연결되는 경우에도 이에 준한다.

닳는[달른], 뚫는[뚤른], 핥네[할레]

다만, 다음과 같은 단어들은 'ㄹ'을 [ㄴ]으로 발음한다.

의견란[의:견난], 임진란[임:진난], 생산량[생산냥], 결단력[결딴녁], 공권력[공꿘녁], 동원령[동:원녕], 상견례[상견녜], 횡단로[횡단노], 이원론[이:원논], 입원료[이붠뇨], 구근류[구근뉴]

## 유음화 교수 Tip

1) 유음화는 우리말에서 상당히 자연스럽게 발생하는 음운변동 현상 중 하나입니다. 학생이 유음화가 적용되었을 때의 발음과 유음화가 적용되지 않았을 때의 발음 차이를 인식하고, 어떻게 발음하는 것이 더 자연스러운지 스스로 이해할 수 있도록 해 주세요.

2) 순행동화(앞 음절 끝소리로 인해 뒤 음절 첫소리가 변화)와 역행동화(뒤 음절 첫소리로 인해 앞 음절 끝소리가 변화)가 적용되는 단어를 모두 접할 수 있게 해 주세요.

3) 심화학습을 위해서는 'ㄹ'로 소리가 나는 겹받침 단어에서의 유음화(예: 닳는 → 달른, 핥네 → 할레)를 소개해 주세요.

6단원

시작한 날: 월 일 요일

| 유음화 | 물놀이를 가요 |
|---|---|
| 규칙 | • '물놀이'는 [물로리]로 읽어요.<br>• '연료'는 [열료]로 읽어요. |

## 규칙이 적용되는 단어들을 알아 봅시다.

곤란하다

달님

물놀이

분류하다

연료

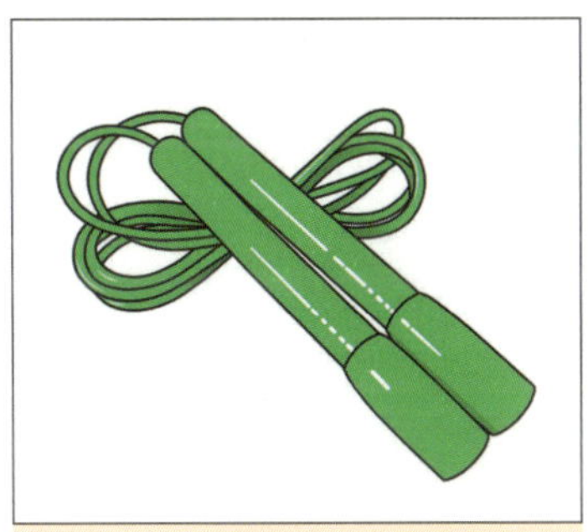
줄넘기

칼날

편리하다

한라산

**원리 익히기** 유음화의 원리를 알아 봅시다.

'ㄴ'은 'ㄹ'의 앞이나 뒤에서 'ㄹ'로 발음되어요.

**1**

| 앞 글자 끝소리 | + | 뒷 글자 첫소리 | ⇨ | 앞 글자 끝소리 | + | 뒷 글자 첫소리 |
|---|---|---|---|---|---|---|
| [ㄴ] | ← | [ㄹ] | | [ㄹ] | | [ㄹ] |

연 + 료 → [열료]

**2**

| 앞 글자 끝소리 | + | 뒷 글자 첫소리 | ⇨ | 앞 글자 끝소리 | + | 뒷 글자 첫소리 |
|---|---|---|---|---|---|---|
| [ㄹ] | → | [ㄴ] | | [ㄹ] | | [ㄹ] |

물 + 놀이 → [물로리]

**단어 익히기** 단어를 따라 써 봅시다.

달님[달림]

달 님

연료[열료]

연 료

칼날[칼랄]

칼 날

줄넘기[줄럼끼]

줄 넘 기

한라산[할라산]

한 라 산

물놀이[물로리]

물 놀 이

분류하다[불류하다]

분 류 하 다

편리하다[펼리하다]

편 리 하 다

곤란하다[골란하다]

곤 란 하 다

**단어 익히기** **빠르고 정확하게 단어를 읽어 봅시다.**

종이를 반으로 접어 발음 부분을 가리고, 표기 부분을 보며 단어들을 읽어 봅시다.

| 표기(쓸 때) | 발음(소리 내어 읽을 때) |
|---|---|
| 관람 | 괄람 |
| 별님 | 별림 |
| 진로 | 질로 |
| 촌락 | 촐락 |
| 탄력 | 탈력 |
| 실내 | 실래 |
| 달님 | 달림 |
| 연락 | 열락 |
| 훈련 | 훌련 |
| 원래 | 월래 |
| 줄넘기 | 줄럼끼 |
| 핀란드 | 필란드 |
| 한라산 | 할라산 |
| 오늘날 | 오늘랄 |
| 불놀이 | 불로리 |
| 말놀이 | 말로리 |
| 물냉면 | 물랭면 |
| 거울놀이 | 거울로리 |
| 너덜너덜 | 너덜러덜 |
| 반려동물 | 발려동물 |

바르게 읽은 단어: ________ / 20
걸린 시간 최고 기록: 초

**단어 익히기** 알맞은 단어를 고르고, 문장을 따라 써 봅시다.

1) 자동차의 (연료 / 열료)가 다 떨어졌습니다.

➜ ______________________________

2) (칼랄 / 칼날)에 손이 베이지 않도록 조심해야 한다.

➜ ______________________________

3) 제주도에 가면 (한라산 / 할라산)을 꼭 봐야 해.

➜ ______________________________

4) 스마트폰의 활용으로 일상생활이 (펼리 / 편리)해졌습니다.

➜ ______________________________

5) 선생님의 질문은 나를 (곤란하게 / 골란하게) 만들었다.

➜ ______________________________

6) 나는 하루에 30분씩 (줄럼기 / 줄넘기)를 해.

➜ ______________________________

7) (달님 / 달림)에게 소원을 빌었습니다.

➜ ______________________________

8) 물건을 일정한 기준에 따라 (분류해 / 불류해) 봅시다.

➜ ______________________________

9) 여름방학 때 (물로리 / 물놀이)를 갈 생각을 하니 신이 난다!

➜ ______________________________

## 뜻이 잘 드러나게 띄어 읽기

1. 문장을 띄어 읽어 봅시다.

- 꾸며 주는 말과 꾸밈을 받는 말을 붙여 읽어 봅시다.
- 꾸며 주는 말이 길면 '을, 를' 뒤를 띄어 읽어 봅시다.
- 띄어 읽는 부분에는 ∨ 표시를 해 봅시다.

| |
|---|
| 1) 물냉면이∨얼음처럼 차갑다. |
| 2) 학교 앞 실내놀이터는 넓다. |
| 3) 나는 대관람차를 좋아한다. |
| 4) 촌락의 옛날 모습을 살펴보자. |
| 5) 미미는 나의 귀여운 반려동물입니다. |
| 6) 한라산은 우리나라에서 가장 높은 산이다. |
| 7) 나는 짝과 함께 뛰는 줄넘기를 좋아한다. |

2. 유음화를 지키면서 읽어 봅시다. 꾸며 주는 말은 붙여 읽고, 꾸며 주는 말이 길면 '을, 를' 뒤를 짧게 띄어 읽어 봅시다. 각각 세 번씩 읽어 봅시다.

| | 1 | 2 | 3 |
|---|---|---|---|
| 1) 물냉면이 얼음처럼 차갑다. | ○ | ○ | ○ |
| 2) 학교 앞 실내놀이터는 넓다. | | | |
| 3) 나는 대관람차를 좋아한다. | | | |
| 4) 촌락의 옛날 모습을 살펴보자. | | | |
| 5) 미미는 나의 귀여운 반려동물입니다. | | | |
| 6) 한라산은 우리나라에서 가장 높은 산이다. | | | |
| 7) 나는 짝과 함께 뛰는 줄넘기를 좋아한다. | | | |

## 글 읽고 내용 확인하기 1단계

### 책 분류하기

도서관에서 책을 정리하는 봉사활동을 하게 되었다. 책 표지에는 100번, 200번처럼 숫자가 쓰여 있다. 같은 숫자끼리 책을 분류하면 정리도 편리하고 찾기도 쉽다.

'해님 달님' 동화책은 800번 문학 책장에 정리해야 한다. '자동차가 움직이는 원리'처럼 과학책은 300번 책장에 정리해야 한다. 책을 아무 데나 두면 책을 찾는 사람이 곤란해진다. 앞으로도 번호대로 책을 잘 분류해야겠다.

### 다양하게 읽어 봅시다.

| | 걸린 시간 | 바르게 읽은 어절 수 |
|---|---|---|
| ☆ 천천히 또박또박 읽어 봅시다. | 분 초 | / 52 |
| ☆ 녹음하면서 읽어 봅시다. | 분 초 | / 52 |
| ☆ 녹음한 내용을 듣고 다시 읽어 봅시다. | 분 초 | / 52 |

### 문제를 풀어 봅시다.

1. 책 표지에 있는 숫자는 어떤 역할을 하나요?

① 원하는 책을 찾아 준다.

② 책이 얼만지 알려 준다.

2. 과학과 관련된 책은 어디서 찾을 수 있을까요?

① 300번 ② 800번 ③ 900번

## 글 읽고 내용 확인하기 2단계

### 물놀이를 가요

여름방학이 시작된 7월, 세은이는 부모님과 함께 전라도의 할머니 댁을 방문했다. 여름마다 할머니 댁 앞마당의 과일나무에는 과일이 주렁주렁 열리고, 근처 계곡물은 넘실넘실 차오른다. 세은이는 오랜만에 할머니를 뵙는 것도 좋았지만, 찬란히 반짝이는 계곡물에서 물놀이하는 것을 가장 좋아했다.

"할머니, 어서 물놀이 가요!"

세은이는 할머니를 모시고 계곡으로 갔다. 할머니께서는 처음에는 곤란한 듯한 표정을 지으셨지만, 이내 함박웃음을 지으며 손녀 세은이와 함께 즐겁게 지냈다. 물놀이에 신난 세은이는 달님과 별님이 하늘에 뜰 때까지 지칠 줄 몰랐다.

### 다양하게 읽어 봅시다.

- 천천히 또박또박 읽어 봅시다. ☆
- 큰 소리로 읽어 봅시다. ☆
- 파란색 단어만 큰 소리로 읽어 봅시다. ☆
- 녹음하면서 읽어 봅시다. ☆
- 녹음한 내용을 듣고 다시 읽어 봅시다. ☆

몇 번 읽었나요? ☆☆☆☆☆

## 글 읽고 내용 확인하기 2단계

다시 한번 글을 소리 내어 읽어 봅시다.

### 물놀이를 가요

여름방학이 시작된 7월, 세은이는 부모님과 함께 전라도의 할머니 댁을 방문했다. 여름마다 할머니 댁 앞마당의 과일나무에는 과일이 주렁주렁 열리고, 근처 계곡물은 넘실넘실 차오른다. 세은이는 오랜만에 할머니를 뵙는 것도 좋았지만, 찬란히 반짝이는 계곡물에서 물놀이하는 것을 가장 좋아했다.

"할머니, 어서 물놀이 가요!"

세은이는 할머니를 모시고 계곡으로 갔다. 할머니께서는 처음에는 곤란한 듯한 표정을 지으셨지만, 이내 함박웃음을 지으며 손녀 세은이와 함께 즐겁게 지냈다. 물놀이에 신난 세은이는 달님과 별님이 하늘에 뜰 때까지 지칠 줄 몰랐다.

문제를 풀어 봅시다.

1. 다음 중 세은이의 성격을 바르게 표현한 것은 무엇인가요?

① 우울하다
② 활기차다
③ 불만이 많다
④ 욕심이 많다
⑤ 고집불통이다

2. 다음 중 글의 내용에 알맞지 않은 것은 무엇인가요?

① 할머니는 전라도에 살고 계신다.
② 할머니 댁 근처에 계곡이 있다.
③ 할머니 댁에는 과일나무가 있다.
④ 세은이는 물놀이하는 것을 좋아한다.
⑤ 할머니는 세은이가 오는 것을 싫어하신다.

## 받아쓰기

'ㄴ'이 'ㄹ'과 만나 'ㄹ'로 발음하는 법을 배웠습니다. 불러 주는 단어를 듣고, 받아쓰기를 해 봅시다. 정답을 맞히면 물놀이 도구 카드를 모을 수 있습니다.

1. 10월 9일은 (                    )이다.

고무공

2. (                    )에게 소원을 빌었다.

수영복 바지

3. 도서관에서는 책을 (                    )해.

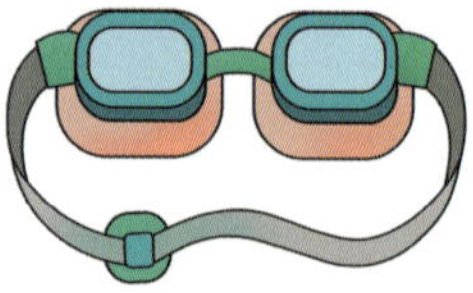

물안경

4. (                    )에 열매가 열렸다.

튜브

5. (                    )에 손이 베었어.

수영복

6. 스마트폰이 참 (                    )!

수영장

7. 어서 (                    ) 가자!

수영모

8. 그 부탁은 (                    ).

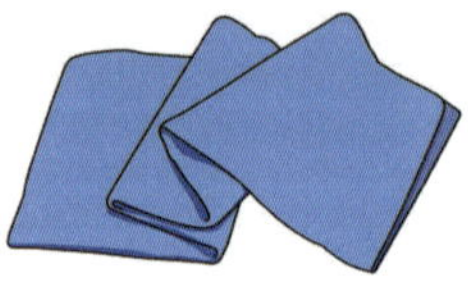

수건

내가 모은 카드는? (                                        )

## 정리하기

다음 글자들을 연결하여, 바르게 쓴 단어 5개를 찾아 봅시다.

| 줄 | 럼 | 끼 | 소 | 루 | 나 | 영 |
|---|---|---|---|---|---|---|
| 넘 | 불 | 다 | 했 | 물 | 놀 | 이 |
| 기 | 로 | 칼 | 랄 | 로 | 리 | 종 |
| 펼 | 리 | 날 | 오 | 방 | 곤 | 색 |
| 리 | 발 | 아 | 폈 | 골 | 란 | 해 |
| 하 | 달 | 님 | 솟 | 아 | 하 | 염 |
| 다 | 림 | 불 | 류 | 하 | 다 | 본 |

**[힌트!]**
1. [골란하다]를 바르게 쓰면?
2. [칼랄]을 바르게 쓰면?
3. [줄럼끼]를 바르게 쓰면?
4. [물로리]를 바르게 쓰면?
5. [달림]을 바르게 쓰면?

## 학생용 자기점검표 이번 단원을 잘 학습했나요? 점검해 봅시다.

<부록> 206~207쪽에 있는 단어 카드를 빠르고 정확하게 읽어 봅시다.
이번 단원에서 배운 규칙 단어를 찾아 봅시다.

이번 단원에서 기억에 남는 단어를 적어 봅시다. 잘 기억이 나지 않으면 <부록> 단어 카드를 참고하여 적어 봅시다.

| 1. |
|---|
| 2. |
| 3. |

이번 단원에서 배운 규칙을 스스로 설명해 보세요.

이번 단원에서 배운 규칙이 사용된 단어를 우리 주변에서 찾아 봅시다.

확인: 년 월 일 요일

내가 생각하는 나의 점수는? ☆☆☆☆☆

# 7 단원

## 구개음화: 똑같이 생겼어요

## 구개음화의 의미

구개음화에서 말하는 '구개음(입천장소리)'은 우리말에서 'ㅈ' 'ㅉ' 'ㅊ'소리를 의미합니다. 구개음화는 구개음이 아닌 소리가 구개음으로 소리가 바뀌는 것을 의미합니다.

'다-디-뎌'를 발음해 보면, '다'에 비해 '디'와 '뎌'의 발음이 더 힘들고 어려울 것입니다. 이 이유는 모음 'ㅣ' 혹은 모음 'ㅕ'에서 등장하는 반모음 'ㅣ'를 발음하려면 입술을 옆으로 벌려야 하기 때문입니다. 입술을 옆으로 벌릴 때 혀의 위치는 'ㄷ'을 발음할 때(윗잇몸과 혀끝이 만나는 지점)보다 'ㅈ'을 발음할 때(입천장과 혓바닥이 만나는 지점)와 가까워집니다. 따라서 구개음화는 이러한 발음의 편리성, 경제성 때문에 발생한다고 볼 수 있습니다.

## 표준어 규정에서의 구개음화

**제5장 제17항**: 받침 'ㄷ' 'ㅌ(ㄾ)'이 조사나 접미사의 모음 'ㅣ'와 결합되는 경우에는, [ㅈ, ㅊ]으로 바꾸어서 뒤 음절 첫소리로 옮겨 발음한다.

곧이듣다[고지듣따], 굳이[구지], 미닫이[미:다지], 땀받이[땀바지], 밭이[바치], 벼훑이[벼훌치]

[붙임] 'ㄷ' 뒤에 접미사 '히'가 결합되어 '티'를 이루는 것은 [치]로 발음한다.

굳히다[구치다], 닫히다[다치다], 묻히다[무치다]

## 구개음화 교수 Tip

1) 구개음화는 읽기에 어려움을 겪는 학생들이 가장 오류를 많이 보이는 음운변동 현상 중 하나입니다. 구개음화를 적용한 상태에서 읽었을 때와 구개음화를 적용하지 않고 읽었을 때의 소리 차이를 명확하게 들려주고, 무엇이 더 편리한 발음인지 스스로 습득할 수 있도록 지도하시기 바랍니다.

2) 구개음화 현상이 적용되면 'ㄷ'이 'ㅈ'에 대응되고, 'ㅌ'이 'ㅊ'에 대응된다는 사실을 명확하게 알려 주세요.

3) 격음화(음운축약)를 학습한 이후에 구개음화 중 'ㄷ' 뒤에 '히'가 결합되는 예(예: 굳히다 → 구티다 → 구치다)를 다시 학습할 수 있도록 합니다.

7단원

시작한 날: 월 일 요일

| 구개음화 | 똑같이 생겼어요 |
| --- | --- |
| 규칙 | • '굳이'는 [구지]로 읽어요.<br>• '똑같이'는 [똑까치]로 읽어요. |

## 규칙이 적용되는 단어들을 알아 봅시다.

굳이

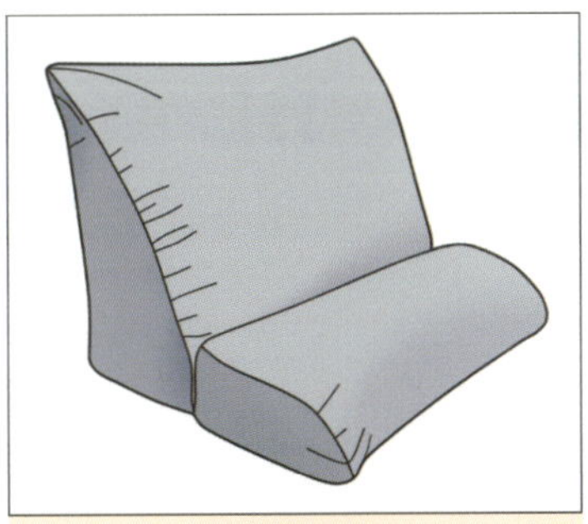

등받이

미닫이

똑같이

붙이다

쇠붙이

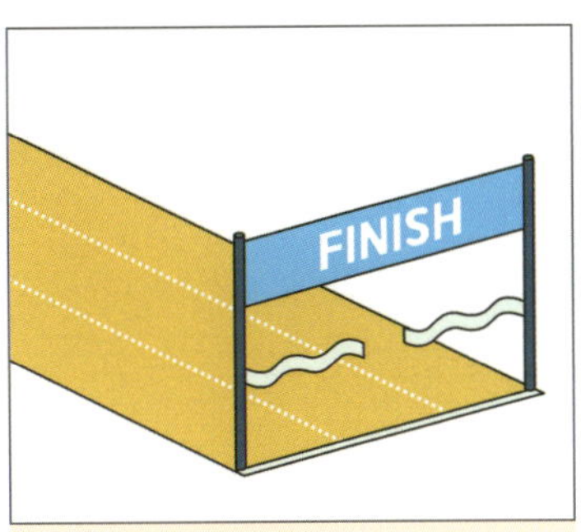


끝(이)

밭(이)

햇볕(이)

**원리 익히기** 구개음화의 원리를 알아 봅시다.

앞 글자 끝소리 'ㄷ' 'ㅌ'이 '이'를 만나면, '지'와 '치'로 변해요!

**1**

| 앞 글자 끝소리 [ㄷ] | + | 이 | ⇨ | 지 |
|---|---|---|---|---|

굳 + 이 → [구지]

**2**

| 앞 글자 끝소리 [ㅌ] | + | 이 | ⇨ | 치 |
|---|---|---|---|---|

똑같 + 이 → [똑까치]

**단어 익히기** 단어를 따라 써 봅시다.

굳이[구지]

끝이[끄치]

밭이[바치]

등받이[등바지]

미닫이[미다지]

똑같이[똑까치]

붙이다[부치다]

쇠붙이[쇠부치]

햇볕이[핻뼈치]

## 단어 익히기 빠르고 정확하게 단어를 읽어 봅시다.

종이를 반으로 접어 발음 부분을 가리고, 표기 부분을 보며 단어들을 읽어 봅시다.

| 표기(쓸 때) | 발음(소리 내어 읽을 때) |
|---|---|
| 똑같이 | 똑까치 |
| 쏜살같이 | 쏜살가치 |
| 굳이 | 구지 |
| 끝이다 | 끄치다 |
| 등받이 | 등바지 |
| 포도밭이 | 포도바치 |
| 붙이다 | 부치다 |
| 쇠붙이 | 쇠부치 |
| 햇볕이 | 핻뼈치 |
| 뙤약볕이 | 뙤약뼈치 |
| 곧이듣다 | 고지듣따 |
| 미닫이 | 미다지 |
| 땀받이 | 땀바지 |
| 굳히다 | 구치다 |
| 닫히다 | 다치다 |
| 묻히다 | 무치다 |
| 붙여보다 | 부쳐보다 |
| 밭이랑 | 바치랑 |
| 턱받이 | 턱빠지 |
| 가을걷이 | 가을거지 |

바르게 읽은 단어: ________ / 20

걸린 시간 최고 기록: 초

**단어 익히기** **알맞은 단어를 고르고, 문장을 따라 써 봅시다.**

1) 풀로 색종이를 (붙이세요 / 부치세요).

➜ ____________________

2) 방학의 (끝이 / 끄치) 다가와서 아쉽다.

➜ ____________________

3) 아버지와 나는 (똑같이 / 똑까치) 생겼다.

➜ ____________________

4) (등바지 / 등받이)를 대고 앉으니 편하다.

➜ ____________________

5) 여름 (핻뼈치 / 햇볕이) 강하게 내리쬡니다.

➜ ____________________

6) 이 추운 날씨에 (구지 / 굳이) 반바지를 입겠다고?

➜ ____________________

7) (미닫이문 / 미다지문)은 밀어서 열고 닫는 문이다.

➜ ____________________

8) 가을에는 (논밭이 / 논바치) 노란색으로 변해 갑니다.

➜ ____________________

9) (쇠붙이 / 쇠부치)는 자석에 붙는 성질을 가지고 있어.

➜ ____________________

## 뜻이 잘 드러나게 띄어 읽기

1. 문장을 띄어 읽어 봅시다.

- 꾸며 주는 말과 꾸밈을 받는 말을 붙여 읽어 봅시다.
- 꾸며 주는 말이 길면 '을, 를' 뒤를 띄어 읽어 봅시다.
- 띄어 읽는 부분에는 ∨ 표시를 해 봅시다.

| |
|---|
| 1) 방문이∨쾅 닫혔어요. |
| 2) 너는 토끼같이 귀엽구나! |
| 3) 뜨거운 햇볕을 피하고 싶어. |
| 4) 회색빛의 먹구름이 걷혔어요. |
| 5) 나는 눈부신 해돋이를 봤어요. |
| 6) 연필의 끝이 바늘처럼 뾰족하다. |
| 7) 반짝이는 노란색 스티커를 붙여 볼까요? |

2. 구개음화의 규칙을 지키면서 읽어 봅시다. 꾸며 주는 말은 붙여 읽고, 꾸며 주는 말이 길면 '을, 를' 뒤를 짧게 띄어 읽어 봅시다. 각각 세 번씩 읽어 봅시다.

| | 1 | 2 | 3 |
|---|---|---|---|
| 1) 방문이 쾅 닫혔어요. | ○ | ○ | ○ |
| 2) 너는 토끼같이 귀엽구나! | | | |
| 3) 뜨거운 햇볕을 피하고 싶어. | | | |
| 4) 회색빛의 먹구름이 걷혔어요. | | | |
| 5) 나는 눈부신 해돋이를 봤어요. | | | |
| 6) 연필의 끝이 바늘처럼 뾰족하다. | | | |
| 7) 반짝이는 노란색 스티커를 붙여 볼까요? | | | |

## 글 읽고 내용 확인하기 1단계

### 포도밭의 형제

포도 농사를 짓는 형제가 있었어요. 형제는 해가 뜨면 포도밭으로 쏜살같이 달려갔어요.

"형님, 우리 같이 노력해서 포도를 수확해요!"

"그러자! 아우야, 열심히 일했더니 드디어 끝이 보이는구나!"

그런데 갑자기 뜨거운 햇볕이 사라지고, 비가 내리기 시작했어요.

형제는 비를 피해 미닫이문을 열고 집으로 들어갔어요.

### 다양하게 읽어 봅시다.

| | 걸린 시간 | 바르게 읽은 어절 수 |
|---|---|---|
| ☆ 천천히 또박또박 읽어 봅시다. | 분 초 | / 41 |
| ☆ 녹음하면서 읽어 봅시다. | 분 초 | / 41 |
| ☆ 녹음한 내용을 듣고 다시 읽어 봅시다. | 분 초 | / 41 |

### 문제를 풀어 봅시다.

1. 형제가 일한 장소는 어디인가요?

① 사과밭 ② 딸기밭 ③ 포도밭

2. 형제가 집으로 들어간 이유는 무엇인가요?

① 갑자기 비가 와서 ② 배가 고파서 ③ 부모님이 불러서

## 글 읽고 내용 확인하기 2단계

### 똑같이 생겼어요

꼬마 다람쥐 다라미와 도로미는 같은 날 태어난 쌍둥이예요. 다라미와 도로미는 몸 색깔도, 크기도 똑같아서 이웃들은 늘 둘을 헷갈렸어요.

"너희는 어쩜 그렇게 똑같이 생겼니?"

"누가 다라미고 누가 도로미인지 모르겠구나."

다라미는 도로미와 똑같이 생겼다는 말이 너무 싫었어요. 그래서 아무도 헷갈리지 않게, 항상 머리털의 끝을 똑바로 세우고 다녔어요.

"보세요. 제 머리는 끝이 이렇게 뾰족하잖아요. 저는 도로미와 다르다고요."

다라미는 크게 외치며 말했어요.

### 다양하게 읽어 봅시다.

- 천천히 또박또박 읽어 봅시다. ☆
- 큰 소리로 읽어 봅시다. ☆
- 파란색 단어만 큰 소리로 읽어 봅시다. ☆
- 녹음하면서 읽어 봅시다. ☆
- 녹음한 내용을 듣고 다시 읽어 봅시다. ☆

몇 번 읽었나요? ☆☆☆☆☆

## 글 읽고 내용 확인하기 2단계

다시 한번 글을 소리 내어 읽어 봅시다.

### 똑같이 생겼어요

꼬마 다람쥐 다라미와 도로미는 같은 날 태어난 쌍둥이예요. 다라미와 도로미는 몸 색깔도, 크기도 똑같아서 이웃들은 늘 둘을 헷갈렸어요.

"너희는 어쩜 그렇게 똑같이 생겼니?"

"누가 다라미고 누가 도로미인지 모르겠구나."

다라미는 도로미와 똑같이 생겼다는 말이 너무 싫었어요. 그래서 아무도 헷갈리지 않게, 항상 머리털의 끝을 똑바로 세우고 다녔어요.

"보세요. 제 머리는 끝이 이렇게 뾰족하잖아요. 저는 도로미와 다르다고요."

다라미는 크게 외치며 말했어요.

문제를 풀어 봅시다.

1. 사람들이 다라미와 도로미를 헷갈려 한 이유는 무엇인가요?

① 이름이 비슷해서
② 성격이 비슷해서
③ 둘 모두 다람쥐여서
④ 몸 색깔과 크기가 똑같아서
⑤ 머리 생김새가 똑같아서

2. 다라미가 도로미와 헷갈리지 않기 위해 한 행동은 무엇인가요?

① 도로미와 따로 다녔다.
② 다른 곳으로 이사했다.
③ 다라미의 이름을 바꾸었다.
④ 머리털의 끝을 똑바로 세웠다.
⑤ 도로미와 다른 옷을 입고 다녔다.

## 받아쓰기

구개음화 현상이 적용된 단어를 배웠습니다.

불러 주는 단어를 듣고, 받아쓰기를 해 봅시다.

## 정리하기

각 단어를 바르게 읽은 길을 따라 할머니 댁으로 가 봅시다.

**학생용 자기점검표** **이번 단원을 잘 학습했나요? 점검해 봅시다.**

<부록> 207~208쪽에 있는 단어 카드를 빠르고 정확하게 읽어 봅시다.
이번 단원에서 배운 규칙 단어를 찾아 봅시다.

이번 단원에서 기억에 남는 단어를 적어 봅시다. 잘 기억이 나지 않으면 <부록> 단어 카드를 참고하여 적어 봅시다.

| 1. |
|---|
| 2. |
| 3. |

이번 단원에서 배운 규칙을 스스로 설명해 보세요.

이번 단원에서 배운 규칙이 사용된 단어를 우리 주변에서 찾아 봅시다.

확인: 년 월 일 요일

내가 생각하는 나의 점수는? ☆☆☆☆☆

# 8단원

## 격음화:
## 피아노를 시작했어요

## 격음화의 의미

격음화는 'ㄱ' 'ㄷ' 'ㅂ' 'ㅈ'이 (앞뒤의) 'ㅎ'을 만나서 'ㅋ' 'ㅌ' 'ㅍ' 'ㅊ'(격음)이 되는 현상을 말합니다. 'ㅎ'의 발음에서 바람을 세게 내보내면 'ㄱ' 'ㄷ' 'ㅂ' 'ㅈ'이 저절로 'ㅋ' 'ㅌ' 'ㅍ' 'ㅊ'으로 발음이 되는 것을 확인할 수 있습니다. 'ㅎ'은 앞 음절의 받침으로 올 수도 있고, 뒤 음절의 첫소리로 올 수도 있습니다.

## 표준어 규정에서의 격음화

표준어 규정에서는 격음화를 따로 구분하지 않고, 받침 'ㅎ'의 발음에 대해 제4장 제12항에서 규정하면서 발음의 원리를 설명하고 있다.

**제4장 제12항:** 1. 'ㅎ(ㄶ, ㅀ)' 뒤에 'ㄱ' 'ㄷ' 'ㅈ'이 결합하는 경우, 뒤 음절 첫소리와 합쳐서 [ㅋ, ㅌ, ㅊ]으로 발음한다.

놓고[노코], 좋던[조:턴], 쌓지[싸치], 많고[만:코], 않던[안턴], 닳지[달치]

[붙임 1] 받침 'ㄱ(ㄺ)' 'ㄷ' 'ㅂ(ㄼ)' 'ㅈ(ㄵ)'이 뒤 음절 첫소리 'ㅎ'과 결합되는 경우에도 역시 두 음을 합쳐서 [ㅋ, ㅌ, ㅍ, ㅊ]으로 발음한다.

각하[가카], 먹히다[머키다], 밝히다[발키다], 맏형[마텽], 좁히다[조피다], 넓히다[널피다], 꽂히다[꼬치다], 앉히다[안치다]

[붙임 2] 규정에 따라 'ㄷ'으로 발음되는 'ㅅ' 'ㅈ' 'ㅊ' 'ㅌ'의 경우에도 이에 준한다.

옷 한 벌[오탄벌], 낮 한때[나탄때], 꽃 한 송이[꼬탄송이], 숱하다[수타다]

## 격음화 교수 Tip

1) 격음화는 원리만 이해하면 학생들이 비교적 쉽게 따라 하는 유형이지만 오류율이 높은 음운변동이기도 합니다. 가장 좋은 지도 방법은 단어를 띄어서 천천히 변동 없이 읽고, 자연스럽게 변동을 포함해서 읽어 주는 방법이 있습니다. 두 가지 다른 발음을 이해하고, 격음화를 적용하여 발음하는 것이 편한 이유를 납득할 수 있도록 지도해 주세요.

2) 격음화를 처음에 이해하기 어려워할 경우, 교사가 먼저 낱말을 읽어 주고, 학생이 격음화를 만드는 'ㅎ' 찾기 활동을 해 보는 것도 좋은 방법입니다. 후음인 'ㅎ'과 연합되는 과정에서 일어나는 변화이므로 원리를 이해하는 데 도움이 될 것입니다.

3) 평음과 격음을 번갈아 가며 연습하며 소리의 차이를 느낄 수 있도록 하는 것도 좋은 방법입니다. 입에 종이를 대고 소리를 내면서 격음에 대한 기초를 쌓고, 격음화를 설명하면 이해도가 올라갈 것입니다.

8단원

시작한 날: 월 일 요일

| 격음화 | 피아노를 시작했어요 |
|---|---|
| 규칙 | • '깨끗하게'는 [깨끄타게]로 읽어요. |

**규칙이 적용되는 단어들을 알아 봅시다.**

국화

흡혈귀

독하다

연습하다

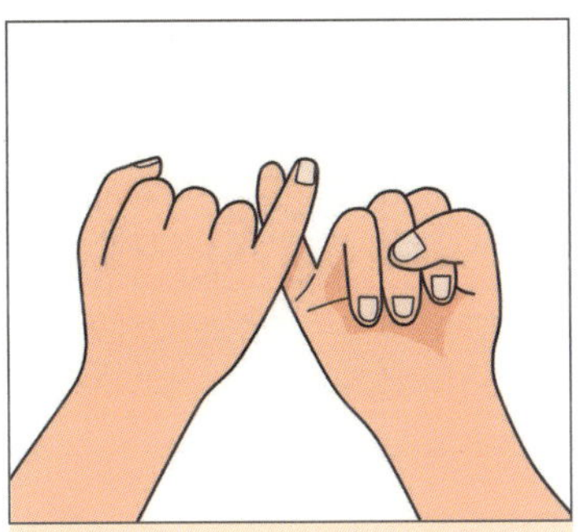

약속하다

따뜻하다

깨끗하다

행복하다

생각하다

**원리 익히기** 격음화의 원리를 알아 봅시다.

'ㅎ'과 만나면 'ㄱ' 'ㄷ' 'ㅂ' 'ㅈ' 소리가 'ㅋ' 'ㅌ' 'ㅍ' 'ㅊ'으로 세게 바뀌어요.

**1**

글자 ㅎ + 뒷 글자 첫소리 = 뒷 글자 첫소리

뒷 글자 첫소리 ⇩ ㄱㄷㅈ

뒷 글자 첫소리 ⇩ ㅋㅌㅊ

**2**

앞 글자 첫소리 + 글자 ㅎ = 앞 글자 첫소리

앞 글자 첫소리 ⇧ ㄱㄷㅂㅈ

앞 글자 첫소리 ⇧ ㅋㅌㅍㅊ

깨 + 끗 + 하 + 게 → 깨끄타게

싫 + 다 → 실타

**단어 익히기** 단어를 따라 써 봅시다.

국화[구카]

국 화

입학[이팍]

입 학

흡혈귀[흐편귀]

흡 혈 귀

깨끗하다[깨끄카다]

깨 끗 하 다

행복하다[행보카다]

행 복 하 다

따뜻해지다[따뜨태지다]

따 뜻 해 지 다

## 단어 익히기 빠르고 정확하게 단어를 읽어 봅시다.

종이를 반으로 접어 발음 부분을 가리고, 표기 부분을 보며 단어들을 읽어 봅시다.

| 표기(쓸 때) | 발음(소리 내어 읽을 때) |
|---|---|
| 급히 | 그피 |
| 국화 | 구콰 |
| 놓고 | 노코 |
| 닳다 | 달타 |
| 맏형 | 마텽 |
| 답하다 | 다파다 |
| 굽히다 | 구피다 |
| 잊히다 | 이치다 |
| 흡혈귀 | 흐별귀 |
| 뿌듯한 | 뿌드탄 |
| 독하다 | 도카다 |
| 잘못한 | 잘모탄 |
| 가득하다 | 가드카다 |
| 착각하다 | 착가카다 |
| 뾰족하다 | 뾰조카다 |
| 생각하다 | 생가카다 |
| 섭섭하다 | 섭써파다 |
| 잘못해서 | 잘모태서 |
| 느긋하다 | 느그타다 |
| 도착해서 | 도차캐서 |

바르게 읽은 단어: ________ / 20
걸린 시간 최고 기록: 초

**단어 익히기** **알맞은 단어를 고르고, 문장을 따라 써 봅시다.**

1) 우리 모두 열심히 (노력합시다 / 노려캅시다).

➜ ____________________

2) 오늘 청소를 하기로 (약소캐요 / 약속해요).

➜ ____________________

3) 봄이 와서 날씨가 (따뜯해져따 / 따뜻해졌다).

➜ ____________________

4) 친구와 친해져서 (행복하다 / 행보카다).

➜ ____________________

5) 어제부터 운동을 (시작했다 / 시자캤따).

➜ ____________________

6) 내일은 피아노를 (연습해야겠다 / 연스패야게따).

➜ ____________________

7) (깨끗하게 / 깨끄타게) 씻고 나오렴.

➜ ____________________

8) 이 문제는 (생가칼수록 / 생각할수록) 답이 헷갈린다.

➜ ____________________

## 뜻이 잘 드러나게 띄어 읽기

### 1. 문장을 띄어 읽어 봅시다.

- 이어지는 문장 사이를 짧게 띄어 읽어 봅시다.

- 띄어 읽는 부분에는 ∨ 표시를 해 봅시다.

| 1) 공기가 맑고∨하늘이 파랗다. |
|---|
| 2) 주말 나들이가 많아서 고속도로가 막히네요. |
| 3) 강아지와 함께 사는데도 집이 참 깨끗하군요. |
| 4) 날씨가 서늘해지자, 노을이 더 빨갛게 물들어요. |
| 5) 우리 반 선생님은 친절하시고 재미있어요. |
| 6) 이 송편은 엄마가 만드신 송편과 모양이 비슷해요. |
| 7) 입학식은 대부분의 학교가 그렇듯이 3월에 있어요. |

### 2. 거센소리가 되는 규칙을 지키며 이어지는 문장 사이를 짧게 띄어 읽어 봅시다. 각각 세 번씩 읽어 봅시다.

| | 1 | 2 | 3 |
|---|---|---|---|
| 1) 공기가 맑고 하늘이 파랗다. | ○ | ○ | ○ |
| 2) 주말 나들이가 많아서 고속도로가 막히네요. | | | |
| 3) 강아지와 함께 사는데도 집이 참 깨끗하군요. | | | |
| 4) 날씨가 서늘해지자 노을이 더 빨갛게 물들어요. | | | |
| 5) 우리 반 선생님은 친절하시고 재미있어요. | | | |
| 6) 이 송편은 엄마가 만드신 송편과 모양이 비슷해요. | | | |
| 7) 입학식은 대부분의 학교가 그렇듯이 3월에 있어요. | | | |

## 글 읽고 내용 확인하기 1단계

### 시골 여행

우리 가족은 시골 할머니 댁에 도착했어요.

나는 한적한 시골이 좋아요. 도시에서의 바쁜 생활을 벗어나면, 내 마음도 자연스럽게 느긋해지죠. 낮에는 국화꽃이 활짝 핀 시골 길을 걸어요. 밤에는 따뜻한 보리차를 마시며 밤하늘의 별을 보아요.

"복잡한 도시를 벗어나니 마음도 편하네."

좀처럼 웃지 않던 엄마도 웃으며 말씀하셨어요.

### 다양하게 읽어 봅시다.

| | 걸린 시간 | 바르게 읽은 어절 수 |
|---|---|---|
| ☆ 천천히 또박또박 읽어 봅시다. | 분 초 | / 44 |
| ☆ 녹음하면서 읽어 봅시다. | 분 초 | / 44 |
| ☆ 녹음한 내용을 듣고 다시 읽어 봅시다. | 분 초 | / 44 |

### 문제를 풀어 봅시다.

1. 나는 어디에 있나요?

① 학교　② 시골　③ 병원

2. 나는 무엇을 마시며 밤하늘을 보았나요?

① 보리차　② 코코아　③ 숭늉

## 글 읽고 내용 확인하기 2단계

### 피아노를 시작했어요!

광수는 일주일 전에 음악회에 다녀왔어요. 그곳에서는 예쁜 드레스를 입은 피아니스트가 멋지게 피아노를 연주했어요. 광수는 그 모습을 보고 피아노 학원에 다니고 싶어졌어요.

"엄마 저 피아노 학원에 다니고 싶어요."

그러자 엄마는 꾸준히 다닐 수 있냐고 물어보셨어요. 광수는 그러겠다고 약속하였어요. 엄마는 다음날 피아노 학원에 데리고 가 주셨어요.

"피아노를 시작했으니 열심히 노력해야 한다."

광수는 "네."하고 큰소리로 대답했어요. 광수는 행복해졌어요. 그리고 피아노를 잘 치기 위해 꾸준히 연습하기로 마음먹었답니다.

### 다양하게 읽어 봅시다.

- 천천히 또박또박 읽어 봅시다. ☆
- 큰 소리로 읽어 봅시다. ☆
- 파란색 단어만 큰 소리로 읽어 봅시다. ☆
- 녹음하면서 읽어 봅시다. ☆
- 녹음한 내용을 듣고 다시 읽어 봅시다. ☆

몇 번 읽었나요? ☆☆☆☆☆

## 글 읽고 내용 확인하기 2단계

### 다시 한번 글을 소리 내어 읽어 봅시다.

**피아노를 시작했어요!**

광수는 일주일 전에 음악회에 다녀왔어요. 그곳에서는 예쁜 드레스를 입은 피아니스트가 멋지게 피아노를 연주했어요. 광수는 그 모습을 보고 피아노 학원에 다니고 싶어졌어요.

"엄마 저 피아노 학원에 다니고 싶어요."

그러자 엄마는 꾸준히 다닐 수 있냐고 물어보셨어요. 광수는 그러겠다고 약속하였어요. 엄마는 다음날 피아노 학원에 데리고 가 주셨어요.

"피아노를 시작했으니 열심히 노력해야 한다."

광수는 "네."하고 큰소리로 대답했어요. 광수는 행복해졌어요. 그리고 피아노를 잘 치기 위해 꾸준히 연습하기로 마음먹었답니다.

### 문제를 풀어 봅시다.

1. 광수는 왜 피아노가 하고 싶어졌을까요?

① 친구가 부러워서
② 바이올린이 하기 싫어서
③ 피아니스트가 멋지게 연주해서
④ 숙제하기 싫어서
⑤ 음악회가 가기 싫어서

2. 다음 중 광수의 기분으로 알맞은 것은 무엇일까요?

① 화가 남
② 초조함
③ 놀라움
④ 슬픔
⑤ 기쁨

## 받아쓰기

받침과 'ㅎ'이 만나 거센소리로 발음하는 법을 배웠습니다. 불러 주는 단어를 듣고, 받아쓰기를 해 봅시다. 정답을 맞히면 악기 카드를 모을 수 있습니다.

1. 우리 반은 (　　　　　)에 갔습니다.

바이올린

2. 귀여운 1학년이 (　　　　　)하였습니다.

플루트

3. (　　　　　)는 마늘을 무서워해!

기타

4. 난로 곁에 앉으니 무척 (　　　　　).

피아노

5. 비 오는 날에는 친구와 함께 가기로 (　　).

장구

6. 나는 일찍 일어나려고 (　　　　　).

드럼

내가 모은 카드는? (　　　　　　　　　　　　　　　)

## 정리하기

다음은 지원이의 받아쓰기 시험지입니다. 시험지를 채점하고, 지원이가 몇 개의 문제를 바르게 썼는지 적어 봅시다.

### 받아쓰기 시험

김지원

| | |
|---|---|
| 1 | 누구도 가지 않던 길 |
| 2 | 나는 행보캅니다. |
| 3 | 꽃들이 만코 사람은 적었다. |
| 4 | 길을 밝히던 가로등 |
| 5 | 장미꽃 한 송이를 샀다. |
| 6 | 복자판 도시를 떠나 시골로 |
| 7 | 친구와 가기로 약소캤어요. |
| 8 | 열심히 노려칼게요. |
| 9 | 유치원에 입학하는 동생 |
| 10 | 선생님 질문에 대다팼어요. |

지원이는 (　　　　)개 문제를 맞혔습니다.

## 학생용 자기점검표 이번 단원을 잘 학습했나요? 점검해 봅시다.

- <부록> 207~208쪽에 있는 단어 카드를 빠르고 정확하게 읽어 봅시다.
  이번 단원에서 배운 규칙 단어를 찾아 봅시다.

- 이번 단원에서 기억에 남는 단어를 적어 봅시다. 잘 기억이 나지 않으면 <부록> 단어 카드를 참고하여 적어 봅시다.

| |
|---|
| 1. |
| 2. |
| 3. |

- 이번 단원에서 배운 규칙을 스스로 설명해 보세요.

- 이번 단원에서 배운 규칙이 사용된 단어를 우리 주변에서 찾아 봅시다.

확인: 년 월 일 요일

내가 생각하는 나의 점수는? ☆☆☆☆☆

# 9단원

## ㅎ 탈락: 사과가 많아요

## ㅎ탈락의 의미

ㅎ탈락은 'ㅎ'이 쉽게 탈락하기도 하는 경향으로 인해 '좋은'이 [조:은]으로 발음되고, '낳아'가 [나아]로 발음되는 예를 일컫습니다. 학자에 따라 격음화와 'ㅎ'탈락을 'ㅎ'소리의 변화로 묶어서 설명하기도 하지만 본 교재에서는 발음의 차이에 초점을 두어 구분하였습니다.

## 표준어 규정에서의 ㅎ탈락

표준어 규정에서는 ㅎ탈락을 따로 구분하지 않고 12항에서 ㅎ이 발음되지 않는 상황(대치되거나 삭제되는)을 규정하면서 발음의 원리를 설명하고 있다.

**제4장 제12항**

2. 'ㅎ(ㄶ, ㅀ)' 뒤에 'ㅅ'이 결합되는 경우에는, 'ㅅ'을 [ㅆ]으로 발음한다.

닿소[다:쏘], 많소[만:쏘], 싫소[실쏘]

3. 'ㅎ' 뒤에 'ㄴ'이 결합되는 경우에는, [ㄴ]으로 발음한다.

놓는[논는], 쌓네[싼네]

[붙임] 'ㄶ' 'ㅀ' 뒤에 'ㄴ'이 결합되는 경우에는, 'ㅎ'을 발음하지 않는다.

않네[안네], 않는[안는], 뚫네[뚤네 → 뚤레], 뚫는[뚤는 → 뚤른]

4. 'ㅎ(ㄶ, ㅀ)' 뒤에 모음으로 시작된 어미나 접미사가 결합되는 경우에는, 'ㅎ'을 발음하지 않는다.

낳은[나은], 놓아[노아], 쌓이다[싸이다], 많아[마:나], 않은[아는], 닳아[다라], 싫어도[시러도]

## ㅎ탈락 교수 Tip

1) ‘ㅎ’이 지니는 특성인 후음의 지위에 대해 설명해 주는 것이 필요합니다. 앞선 격음화에서는 ‘ㅎ’이 ‘ㄱ’‘ㄷ’‘ㅂ’‘ㅈ’과 만나 격음인 ‘ㅋ’‘ㅌ’‘ㅍ’‘ㅊ’으로 발음이 났다면 ㅎ탈락에서는 음성적으로 미약한 부분 때문에 쉽게 탈락하기도 한다는 점을 설명(예: 약한 소리, 작은 소리) 등으로 설명해 주는 것이 좋습니다.

2) ‘ㅎ’의 존재로 격음화와 헷갈려 할 경우 ‘ㅎ’ 뒤에 모음으로 시작된 어미나 접미사가 결합되는 경우(주로 받침 ‘ㅎ’ 뒤에 ‘ㅇ’이 오는 경우)임을 설명해 줍니다.

3) 심화학습을 위해서는 두 단어를 이어서 한 마디로 발음할 때 ‘ㅎ’이 탈락하는 경우(예: 좋아 → 조아)의 단어를 빈도 높게 가르쳐 주세요.

9단원

시작한 날: 월 일 요일

| ㅎ탈락 | 사과가 많아요 |
| --- | --- |
| 규칙 | • '좋아요'는 [조아요]로 읽어요. |

**규칙이 적용되는 단어들을 알아 봅시다.**

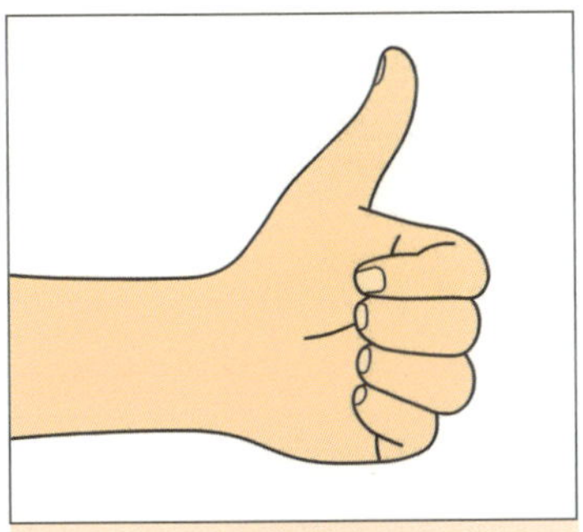
좋아요

많아요

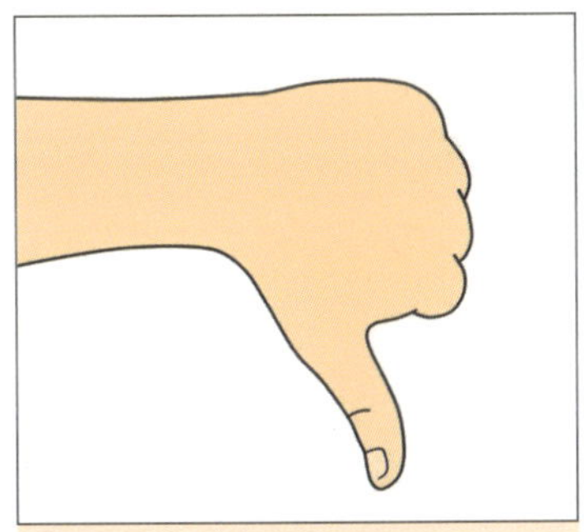
싫어하다

땋아야

잃어버리다

놓아요

넣어

낳아요

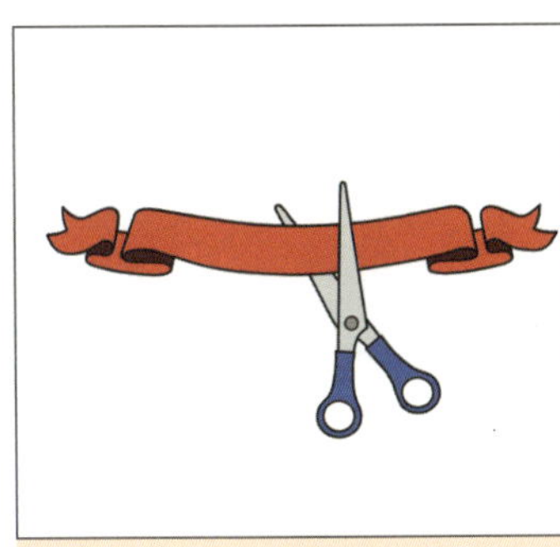
끊어요

## 원리 익히기 ㅎ탈락의 원리를 알아 봅시다.

'ㅎ' 받침과 만나는 뒷 글자 첫소리가 모음이면 'ㅎ' 받침이 사라져요.

ㅎ 받침 + 뒷 글자 첫소리 = ㅎ 받침

뒷 글자 첫소리 ↓ 모음

ㅎ 받침 ↓ 사라져요

앞 글자의 받침 'ㅎ'이 사라졌어요!

좋 + 아 + 요 → 조아요

## 단어 익히기 단어를 따라 써 봅시다.

넣어[너어]

| 넣 | 어 |
|---|---|

좋아요[조아요]

| 좋 | 아 | 요 |
|---|---|---|

많아요[마나요]

| 많 | 아 | 요 |
|---|---|---|

땋아야[따아야]

| 땋 | 아 | 야 |
|---|---|---|

놓아요[노아요]

| 놓 | 아 | 요 |
|---|---|---|

끊어요[끄너요]

| 끊 | 어 | 요 |
|---|---|---|

싫어하다[시러하다]

| 싫 | 어 | 하 | 다 |
|---|---|---|---|

**단어 익히기** **빠르고 정확하게 단어를 읽어 봅시다.**

종이를 반으로 접어 발음 부분을 가리고, 표기 부분을 보며 단어들을 읽어 봅시다.

| 표기(쓸 때) | 발음(소리 내어 읽을 때) |
|---|---|
| 놓아 | 노아 |
| 싫어 | 시러 |
| 넣어서 | 너어서 |
| 올려놓으면 | 올려노으면 |
| 괜찮아 | 괜차나 |
| 좋아요 | 조아요 |
| 빻아서 | 빠아서 |
| 구겨넣어 | 구겨너어 |
| 낳아 | 나아 |
| 내려놓아 | 내려노아 |
| 많이 | 마니 |
| 싫어요 | 시러요 |
| 넣어 | 너어 |
| 않는 | 안는 |
| 뚫린 | 뚤린 |
| 싫어하며 | 시러하며 |
| 끓여서 | 끌여서 |
| 끊어지면 | 끈어지면 |
| 땋아야 | 따아야 |
| 내놓아라 | 내노아라 |

바르게 읽은 단어: ________ / 20

걸린 시간 최고 기록: 초

**단어 익히기** **알맞은 단어를 고르고, 문장을 따라 써 봅시다.**

1) 학교에 가면 친구들이 있어서 (좋아요 / 조아요).

➜ ______________________________

2) 실을 가위로 (끊어요 / 끄너요).

➜ ______________________________

3) 다음 순서로 물을 (넣어 / 너어).

➜ ______________________________

4) 머리를 (땋아야 / 따아야) 예쁘지.

➜ ______________________________

5) 물이 (끓어요 / 끄러요).

➜ ______________________________

6) 나는 강아지를 (싫어한다 / 시러한다).

➜ ______________________________

7) 열쇠를 그곳에 (노아요 / 놓아요).

➜ ______________________________

8) 강아지가 새끼를 (낳아요 / 나아요).

➜ ______________________________

9) 밭에서 캔 고구마가 정말 (마나요 / 많아요).

➜ ______________________________

## 뜻이 잘 드러나게 띄어 읽기

1. 한 문장을 앞부분과 뒷부분으로 나누어 읽어 봅시다.

- 이어지는 문장 사이를 짧게 띄어 읽어 봅시다.
- 띄어 읽는 부분에는 ∨ 표시를 해 봅시다.

| |
|---|
| 1) 국어는 어렵지만,∨수학은 어렵지 않아. |
| 2) 너는 물을 가져오고, 나는 수저를 놓을게. |
| 3) 개는 강아지를 낳았고, 소는 송아지를 낳는다. |
| 4) 학생은 공부는 안 해도, 운동은 싫어도 해야 해. |
| 5) 난 그 생각은 못 했는데, 그것참 좋은 생각이구나. |
| 6) 나는 바람개비를 만들기 위해, 종이에 구멍을 뚫는다. |
| 7) 나는 줄넘기도 좋아하고, 레고를 쌓는 것도 좋아한다. |

2. ㅎ탈락 규칙을 지키면서 이어지는 문장 사이를 짧게 띄어 읽어 봅시다. 각각 세 번씩 읽어 봅시다.

| | 1 | 2 | 3 |
|---|---|---|---|
| 1) 국어는 어렵지만, 수학은 어렵지 않아. | ○ | ○ | ○ |
| 2) 너는 물을 가져오고, 나는 수저를 놓을게. | | | |
| 3) 개는 강아지를 낳았고, 소는 송아지를 낳는다. | | | |
| 4) 학생은 공부는 안 해도, 운동은 싫어도 해야 해. | | | |
| 5) 난 그 생각은 못 했는데, 그것참 좋은 생각이구나. | | | |
| 6) 나는 바람개비를 만들기 위해, 종이에 구멍을 뚫는다. | | | |
| 7) 나는 줄넘기도 좋아하고, 레고를 쌓는 것도 좋아한다. | | | |

## 글 읽고 내용 확인하기 1단계

### 맛있는 떡

나는 떡을 좋아합니다. 떡은 쌀을 빻아서 만든 가루에 물을 넣어 반죽해서 만든 음식입니다. 떡에는 원하는 재료를 넣어서 만들 수 있어요. 호박떡, 팥떡, 쑥떡, 꿀떡 등 다양한 떡이 있습니다. 나는 호박떡을 제일 좋아하는데, 호박떡은 달콤하고 맛있기 때문입니다. 떡은 명절에도 나누어 먹었고, 제사를 지낼 때도 필요합니다. 그리고 이사를 왔을 때도 이웃들과 떡을 나누어 먹습니다.

### 다양하게 읽어 봅시다.

| | 걸린 시간 | 바르게 읽은 어절 수 |
|---|---|---|
| ☆ 천천히 또박또박 읽어 봅시다. | 분 초 | / 54 |
| ☆ 녹음하면서 읽어 봅시다. | 분 초 | / 54 |
| ☆ 녹음한 내용을 듣고 다시 읽어 봅시다. | 분 초 | / 54 |

### 문제를 풀어 봅시다.

1. 떡을 만드는 재료는 무엇인가요?

① 보리 ② 쌀 ③ 밀

2. 글쓴이가 제일 좋아하는 떡은 무엇인가요?

① 쑥떡 ② 꿀떡 ③ 호박떡

## 글 읽고 내용 확인하기 2단계

### 사과가 많아요

어느 깊은 산속에 토끼 가족이 살고 있었습니다. 토끼 가족의 큰오빠인 토돌이는 맛있는 사과를 좋아합니다. 동생 토순이도 사과를 좋아합니다. 그래서 집에는 사과가 많이 쌓여 있답니다. 그런데 어느 날 토돌이 방에 있던 사과가 사라졌습니다. 토돌이는 어디에 사과를 뒀는지 고민하였습니다. "이상하다. 내가 먹은 적은 없는데…." 한참을 찾아 헤매다가 토순이에게 물어보았습니다.

"토순아 내 사과 못 봤어?" 토순이는 미안하다는 듯한 표정을 하며 말했습니다. "사실 내가 오빠 방에 있던 사과 먹어 버렸어. 배가 너무 고팠거든." 토돌이는 말도 안 하고 가져가서 먹어 버린 토순이가 미웠습니다. "말도 안 하고 먹으면 안 되지." 토순이와 토돌이가 다투는 소리가 들리자 엄마가 올라오셨습니다. "저런, 싸우지들 말렴. 엄마가 시장에서 사과를 많이 사 왔단다. 사이좋게 지내렴."

### 다양하게 읽어 봅시다.

- 천천히 또박또박 읽어 봅시다. ☆
- 큰 소리로 읽어 봅시다. ☆
- 파란색 단어만 큰 소리로 읽어 봅시다. ☆
- 녹음하면서 읽어 봅시다. ☆
- 녹음한 내용을 듣고 다시 읽어 봅시다. ☆

몇 번 읽었나요? ☆☆☆☆☆

## 글 읽고 내용 확인하기 2단계

다시 한번 글을 소리 내어 읽어 봅시다.

### 사과가 많아요

어느 깊은 산속에 토끼 가족이 살고 있었습니다. 토끼 가족의 큰오빠인 토돌이는 맛있는 사과를 좋아합니다. 동생 토순이도 사과를 좋아합니다. 그래서 집에는 사과가 많이 쌓여 있답니다. 그런데 어느 날 토돌이 방에 있던 사과가 사라졌습니다. 토돌이는 어디에 사과를 뒀는지 고민하였습니다. "이상하다. 내가 먹은 적은 없는데…." 한참을 찾아 헤매다가 토순이에게 물어보았습니다.

"토순아 내 사과 못 봤어?" 토순이는 미안하다는 듯한 표정을 하며 말했습니다. "사실 내가 오빠 방에 있던 사과 먹어 버렸어. 배가 너무 고팠거든." 토돌이는 말도 안 하고 가져가서 먹어 버린 토순이가 미웠습니다. "말도 안 하고 먹으면 안 되지." 토순이와 토돌이가 다투는 소리가 들리자 엄마가 올라오셨습니다. "저런, 싸우지들 말렴. 엄마가 시장에서 사과를 많이 사 왔단다. 사이좋게 지내렴."

문제를 풀어 봅시다.

1. 토돌이의 사과는 왜 사라졌나요?

① 다람쥐가 훔쳐가서 ② 동생이 먹어서
③ 엄마가 가져가셔서 ④ 형이 먹어서
⑤ 동생이 버려서

2. 사과를 좋아하는 토끼 가족은 누구인가요?

① 엄마와 토돌이 ② 토돌이와 토순이
③ 토돌이와 아빠 ④ 토순이와 엄마
⑤ 아빠와 엄마

## 받아쓰기

선생님이 불러 주는 단어를 받아 써 보고, 맞은 단어에 해당하는 과일을 바구니에 담아 봅시다.

1. 나는 과일이 ( ).

2. 나는 벌레가 ( ).

3. 과수원에 사과가 ( ).

4. 우산을 ( ).

5. 닭이 달걀을 ( ).

과일 바구니에 과일을 담아 봅시다.

## 정리하기

발음이 나는 대로 쓰인 단어를 타고 사다리를 내려가 바르게 써 봅시다.

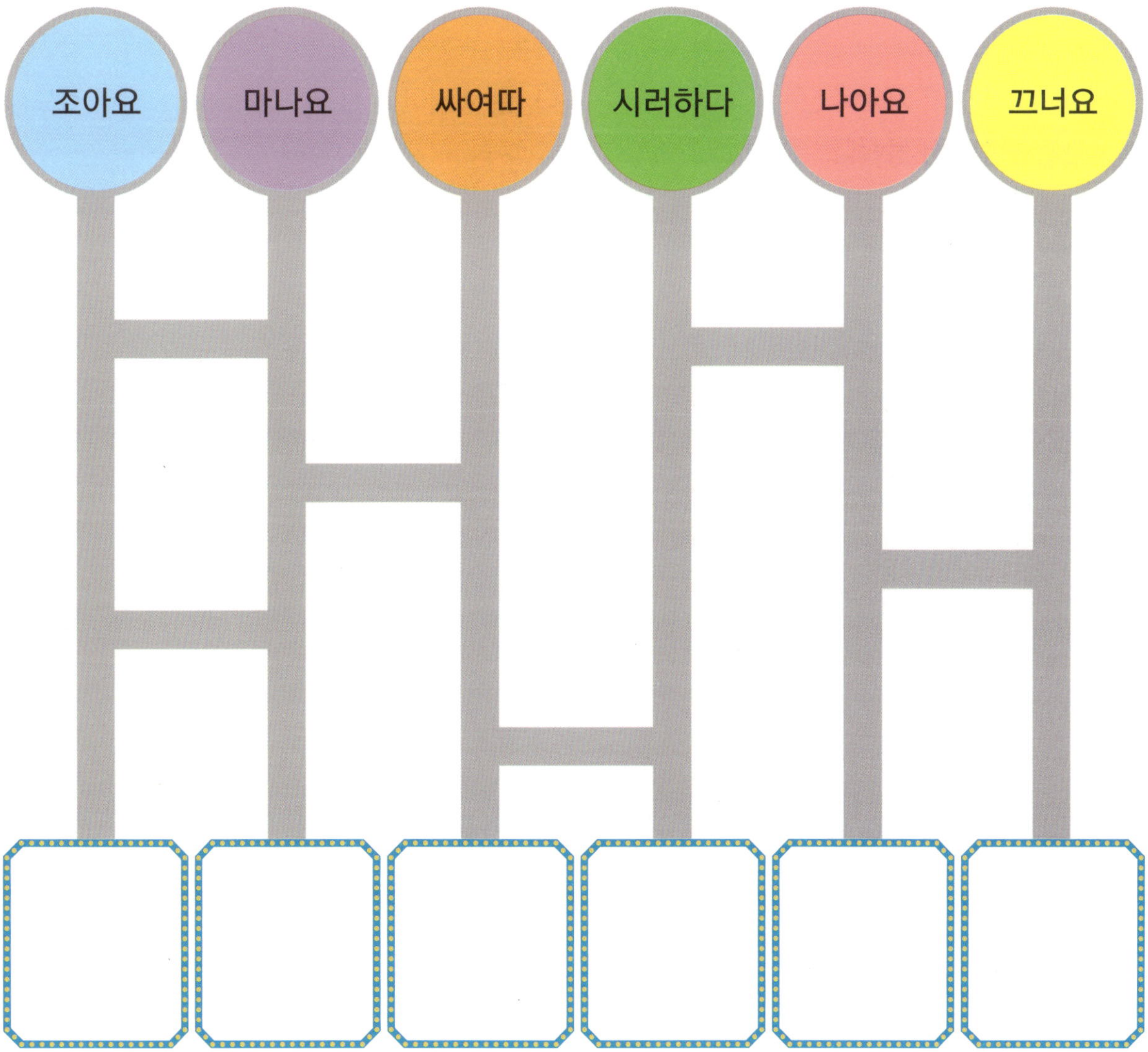

## 학생용 자기점검표 이번 단원을 잘 학습했나요? 점검해 봅시다.

- <부록> 208~209쪽에 있는 단어 카드를 빠르고 정확하게 읽어 봅시다. 이번 단원에서 배운 규칙 단어를 찾아 봅시다.

- 이번 단원에서 기억에 남는 단어를 적어 봅시다. 잘 기억이 나지 않으면 <부록> 단어 카드를 참고하여 적어 봅시다.

| 1. |
|---|
| 2. |
| 3. |

- 이번 단원에서 배운 규칙을 스스로 설명해 보세요.

- 이번 단원에서 배운 규칙이 사용된 단어를 우리 주변에서 찾아 봅시다.

확인: 년 월 일 요일

내가 생각하는 나의 점수는? ☆☆☆☆☆

# 10 단원

## 음의 첨가:
## 집안일을 도와요

## 음의 첨가의 의미

음의 첨가는 앞 음절에 받침이 있고, 뒤 음절의 첫소리가 모음 'ㅣ' 'ㅑ' 'ㅕ' 'ㅛ' 'ㅠ'인 경우 'ㄴ' 또는 'ㄹ'이 첨가되는 현상입니다. 즉, 표기에는 없었던 음운이 발음할 때 첨가되는 경우를 '음의 첨가'라고 부릅니다.

## 표준어 규정에서의 음의 첨가

**제7장 제29항**: 합성어 및 파생어에서, 앞 단어나 접두사의 끝이 자음이고 뒤 단어나 접미사의 첫음절이 '이' '야' '여' '요' '유'인 경우에는, 'ㄴ'음을 첨가하여 [니, 냐, 녀, 뇨, 뉴]로 발음한다.

솜-이불[솜:니불], 홑-이불[혼니불], 막-일[망닐], 삯-일[상닐], 맨-입[맨닙], 꽃-잎[꼰닙], 내복-약[내:봉냑], 한-여름[한녀름], 남존-여비[남존녀비], 신-여성[신녀성], 색-연필[생년필], 직행-열차[지캥녈차], 늑막-염[능망념], 콩-엿[콩녇], 담-요[담:뇨], 눈-요기[눈뇨기], 영업-용[영엄뇽], 식용-유[시공뉴], 백분-율[백뿐뉼], 밤-윷[밤:늍]

다만, 다음과 같은 말들은 'ㄴ' 음을 첨가하여 발음하되, 표기대로 발음할 수 있다.

이죽-이죽[이중니죽/이주기죽], 야금-야금[야금냐금/야그마금], 검열[검:녈/거:멸], 욜랑-욜랑[욜랑뇰랑/욜랑욜랑], 금융[금늉/그뮹]

[붙임 1] 'ㄹ' 받침 뒤에 첨가되는 'ㄴ' 음은 [ㄹ]로 발음한다.

들-일[들:릴], 솔-잎[솔립], 설-익다[설릭따], 물-약[물략], 불-여우[불려우], 서울-역[서울력], 물-엿[물렫], 휘발-유[휘발류], 유들-유들[유들류들]

[붙임 2] 두 단어를 이어서 한 마디로 발음하는 경우에도 이에 준한다.

한 일[한닐], 옷 입다[온닙따], 서른여섯[서른녀섣], 3연대[삼년대], 먹은 엿[머근녇], 할 일[할릴], 잘 입다[잘립따], 스물여섯[스물려섣], 1연대[일련대]

다만, 다음과 같은 단어에서는 'ㄴ(ㄹ)' 음을 첨가하여 발음하지 않는다.

6.25[유기오], 3.1절[사밀쩔], 송별-연[송:벼련], 등-용문[등용문]

## 음의 첨가 교수 Tip

1) 음의 첨가는 읽기에 어려움을 겪는 학생들이 오류를 많이 보이는 음운변동 현상 중 하나입니다. 표기에 없는 새로운 음운을 첨가하여 발음한다는 것이 쉽게 와닿지 않을 수 있습니다. 음운의 첨가를 적용한 상태에서 읽었을 때와 음운의 첨가를 적용하지 않고 읽었을 때의 소리 차이를 명확하게 들려주고, 무엇이 더 편리한 발음인지 스스로 습득할 수 있도록 지도하시기 바랍니다.

2) 'ㄴ'이 첨가되는 경우와 'ㄹ'이 첨가되는 경우를 구분하여 가르쳐 주세요.

3) 심화학습을 위해서는 두 단어를 이어서 한 마디로 발음할 때 음이 첨가하는 경우(예: 옷 입다 → 온닙따)를 가르쳐 주세요.

**10단원** 시작한 날: 월 일 요일

| 음의 첨가 | 집안일을 도와요 |
|---|---|
| 규칙 | • '집안일'은 [지반닐]로 읽어요.<br>• '솔잎'은 [솔립]으로 읽어요. |

## 규칙이 적용되는 단어들을 알아 봅시다.

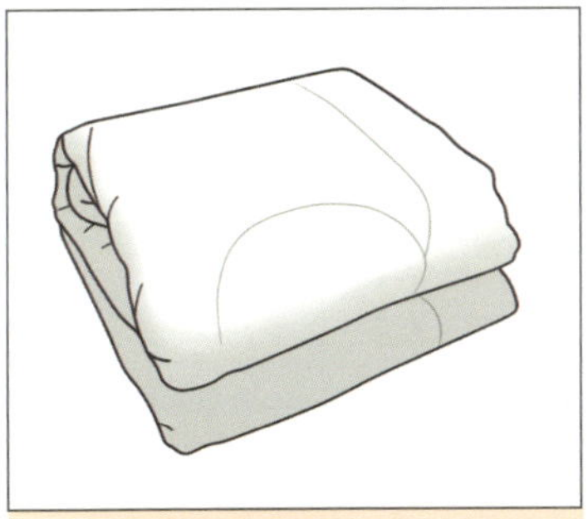
솜이불

집안일

한여름

담요

식용유

솔잎

물약

서울역

휘발유

**원리 익히기** 음의 첨가의 원리를 알아 봅시다.

앞 글자의 끝소리와 뒷 글자의 첫소리 'ㅣ''ㅑ''ㅕ''ㅛ''ㅠ'가 만나
'ㄴ''ㄹ' 음이 첨가되는 경우가 있어요.

**1**

앞 글자 끝소리 + 뒷 글자 첫소리 ⇨ 앞 글자 끝소리 + 뒷 글자 첫소리

ㅣ, ㅑ, ㅕ, ㅛ, ㅠ　　[니,냐,녀,뇨,뉴]

솜 + 이불 → [솜니불]

**2**

앞 글자 끝소리 + 뒷 글자 첫소리 ⇨ 앞 글자 끝소리 + 뒷 글자 첫소리

ㅣ, ㅑ, ㅕ, ㅛ, ㅠ　　[리,랴,려,료,류]

솔 + 잎 → [솔립]

**단어 익히기** 단어를 따라 써 봅시다.

솔잎[솔립]

솔 잎

물약[물략]

물 약

담요[담뇨]

담 요

솜이불[솜니불]

솜 이 불

집안일[지반닐]

집 안 일

한여름[한녀름]

한 여 름

식용유[시굥뉴]

식 용 유

서울역[서울력]

서 울 역

휘발유[휘발류]

휘 발 유

**단어 익히기** **빠르고 정확하게 단어를 읽어 봅시다.**

종이를 반으로 접어 발음 부분을 가리고, 표기 부분을 보며 단어들을 읽어 봅시다.

| 표기(쓸 때) | 발음(소리 내어 읽을 때) |
|---|---|
| 막일 | 망닐 |
| 물약 | 물략 |
| 물엿 | 물렫 |
| 맨입 | 맨닙 |
| 꽃잎 | 꼰닙 |
| 담요 | 담뇨 |
| 할 일 | 할릴 |
| 한 일 | 한닐 |
| 내복약 | 내봉냑 |
| 한여름 | 한녀름 |
| 색연필 | 생년필 |
| 솜이불 | 솜니불 |
| 백분율 | 백뿐뉼 |
| 설익다 | 설릭따 |
| 서울역 | 서울력 |
| 옷 입다 | 온닙다 |
| 잘 입자 | 잘립자 |
| 유들유들 | 유들류들 |
| 스물여섯 | 스물려섣 |
| 서른여섯 | 서른녀섣 |

바르게 읽은 단어: ______ / 20
걸린 시간 최고 기록: 초

**단어 익히기** 알맞은 단어를 고르고, 문장을 따라 써 봅시다.

1) 추우면 (담뇨 / 담요)를 덮으렴.

→ ______

2) (한녀름 / 한여름)에는 팥빙수가 딱이지!

→ ______

3) 소나무의 잎은 (솔잎 / 솔립)이라고 부른다.

→ ______

4) 계란후라이에는 (시공뉴 / 식용유)가 들어가.

→ ______

5) 나는 알약보다 (물약 / 물략)이 먹기 더 쉬워.

→ ______

6) 부모님을 도와 열심히 (집안닐 / 집안일)을 했다.

→ ______

7) 날이 더워져서 (솜이불 / 솜니불)을 장롱에 넣었다.

→ ______

8) 이 자동차에는 (휘발유 / 휘발류)를 넣어야 하나요?

→ ______

9) 할머니 댁에 가기 위해 (서울력 / 서울역)에서 기차를 탔다.

→ ______

## 뜻이 잘 드러나게 띄어 읽기

### 1. 문장을 띄어 읽어 봅시다.

- ∨ 표시에 유의하여 1)~3) 문장을 읽어 봅시다.

- 같은 문장을 다르게 띄어 읽을 때, 어느 부분을 강조하는지 말해 봅시다.

- 4)~7) 문장을 강조하고 싶은 내용에 따라 다르게 띄어 읽어 봅시다. 띄어 읽는 부분에는 ∨ 표시를 해 봅시다.

| 1) 우선∨집안일을 하자.<br>우선 집안일을∨하자. |
|---|
| 2) 아직도∨물약을 먹어?<br>아직도 물약을∨먹어? |
| 3) 송충이는∨솔잎을 먹어야 해.<br>송충이는 솔잎을∨먹어야 해. |
| 4) 마지막으로 식용유를 넣어 주세요. |
| 5) 비 때문에 꽃잎들이 촉촉하게 젖었다. |
| 6) 내 과자를 야금야금 먹지 말아 줘. |
| 7) 한국에서는 한여름에 팥빙수를 먹습니다. |

### 2. 음운의 첨가를 지키면서 읽어 봅시다. 강조하고 싶은 내용을 생각하며 띄어 읽어 봅시다. 각각 세 번씩 읽어 봅시다.

| | 1 | 2 | 3 |
|---|---|---|---|
| 1) 우선 집안일을 하자. | ○ | ○ | ○ |
| 2) 아직도 물약을 먹어? | | | |
| 3) 송충이는 솔잎을 먹어야 해. | | | |
| 4) 마지막으로 식용유를 넣어 주세요. | | | |
| 5) 비 때문에 꽃잎들이 촉촉하게 젖었다. | | | |
| 6) 내 과자를 야금야금 먹지 말아 줘. | | | |
| 7) 한국에서는 한여름에 팥빙수를 먹습니다. | | | |

## 글 읽고 내용 확인하기 1단계

### 봄나들이

오늘은 가족들과 공원에 봄나들이를 다녀왔다. 언니와 나는 할머니께 선물 받은 옷을 잘 입고 길을 나섰다. 공원에 들어서니 봄바람에 꽃잎이 부드럽게 흔들리는 모습이 마치 우리 가족을 반겨 주는 듯했다. 푸른 잎과 설익은 열매들의 싱그러운 향기를 맡으니 기분이 좋았다. 꽃잎이 떨어지는 것이 아쉬워서 내일도 또 가고 싶다.

### 다양하게 읽어 봅시다.

| | 걸린 시간 | 바르게 읽은 어절 수 |
|---|---|---|
| ☆ 천천히 또박또박 읽어 봅시다. | 분 초 | / 45 |
| ☆ 녹음하면서 읽어 봅시다. | 분 초 | / 45 |
| ☆ 녹음한 내용을 듣고 다시 읽어 봅시다. | 분 초 | / 45 |

### 문제를 풀어 봅시다.

1. 우리 가족은 어디로 봄나들이를 갔나요?

① 뒷산 ② 학교 ③ 공원

2. 할머니께서 언니와 나에게 무엇을 선물로 주셨나요?

① 신발 ② 모자 ③ 옷

## 글 읽고 내용 확인하기 2단계

### 집안일을 도와요

봄을 맞아 대청소하기로 했어요. 정호도 부모님을 도와 집안일을 함께 하기로 했어요. 제일 먼저 겨울 동안 덮었던 담요와 솜이불을 깨끗이 빨아 장롱에 차곡차곡 쌓아 넣었어요. 솜이불은 무거웠지만, 아버지의 도움을 받아 잘 옮겼어요. 두꺼운 외투들도 모두 옷장 깊숙이 넣고, 대신 봄에 입을 수 있는 가벼운 옷들을 꺼냈어요.

대청소가 끝난 후, 어머니께서는 수고했다며 맛있는 김치전을 부쳐 주셨어요. 식용유를 듬뿍 둘러서 그런지, 더 바삭하고 맛있었어요. 정호는 대청소를 하며 부모님을 도와드릴 수 있어 기뻤고, 또 맛있는 김치전을 먹을 수 있어 두 배로 기뻤답니다.

### 다양하게 읽어 봅시다.

- 천천히 또박또박 읽어 봅시다. ☆
- 큰 소리로 읽어 봅시다. ☆
- 파란색 단어만 큰 소리로 읽어 봅시다. ☆
- 녹음하면서 읽어 봅시다. ☆
- 녹음한 내용을 듣고 다시 읽어 봅시다. ☆

몇 번 읽었나요? ☆☆☆☆☆

## 글 읽고 내용 확인하기 2단계

### 다시 한번 글을 소리 내어 읽어 봅시다.

**집안일을 도와요**

봄을 맞아 대청소하기로 했어요. 정호도 부모님을 도와 집안일을 함께 하기로 했어요. 제일 먼저 겨울 동안 덮었던 담요와 솜이불을 깨끗이 빨아 장롱에 차곡차곡 쌓아 넣었어요. 솜이불은 무거웠지만, 아버지의 도움을 받아 잘 옮겼어요. 두꺼운 외투들도 모두 옷장 깊숙이 넣고, 대신 봄에 입을 수 있는 가벼운 옷들을 꺼냈어요.

대청소가 끝난 후, 어머니께서는 수고했다며 맛있는 김치전을 부쳐 주셨어요. 식용유를 듬뿍 둘러서 그런지, 더 바삭하고 맛있었어요. 정호는 대청소를 하며 부모님을 도와드릴 수 있어 기뻤고, 또 맛있는 김치전을 먹을 수 있어 두 배로 기뻤답니다.

### 문제를 풀어 봅시다.

1. 오늘 정호네 가족이 한 일이 아닌 것은 무엇인가요?

① 담요 장롱에 넣기　　② 솜이불 장롱에서 꺼내기
③ 두꺼운 외투 옷장에 넣기　　④ 가벼운 옷 옷장에서 꺼내기
⑤ 김치전 부치기

2. 오늘 정호가 기쁜 이유는 무엇인가요?

① 한여름이 다가와서　　② 두꺼운 옷을 벗어서
③ 무거운 이불을 들어서　　④ 부모님을 도와드릴 수 있어서
⑤ 맛있는 감자전을 먹을 수 있어서

## 받아쓰기

발음할 때 'ㄴ' 또는 'ㄹ'이 첨가되는 현상을 배웠습니다. 불러 주는 단어를 듣고 빈칸에 알맞게 적어 봅시다. 정답을 맞히면 집안일 카드를 모을 수 있습니다.

1. 소나무의 잎은 (                    )이다.

옷 정리

2. 목이 아파 (                    )을 먹었다.

요리

3. (                    )에도 긴팔 옷을 입다니!

창틀 닦기

4. (                    )가 다 떨어졌네.

냉장고 정리

5. (                    )은 조금 무겁다.

청소

내가 모은 카드는? (                                        )

## 정리하기

다음은 성은이의 받아쓰기 시험지입니다. 시험지를 채점하고, 성은이가 몇 개의 단어를 바르게 썼는지 적어 봅시다.

### 받아쓰기 시험

20XX년 5월 8일
3학년 1반 김성은

| | |
|---|---|
| 1 | 서울역 |
| 2 | 물약 |
| 3 | 알약 |
| 4 | 솔잎 |
| 5 | 담요 |
| 6 | 집안닐 |
| 7 | 솜이불 |
| 8 | 식용뉴 |
| 9 | 휘발류 |
| 10 | 한여름 |

성은이는 (          )개의 단어를 바르게 썼습니다.

## 학생용 자기점검표 이번 단원을 잘 학습했나요? 점검해 봅시다.

- <부록> 208~209쪽에 있는 단어 카드를 빠르고 정확하게 읽어 봅시다.
  이번 단원에서 배운 규칙 단어를 찾아 봅시다.

- 이번 단원에서 기억에 남는 단어를 적어 봅시다. 잘 기억이 나지 않으면 <부록> 단어 카드를 참고하여 적어 봅시다.

| 1. |
|---|
| 2. |
| 3. |

- 이번 단원에서 배운 규칙을 스스로 설명해 보세요.

- 이번 단원에서 배운 규칙이 사용된 단어를 우리 주변에서 찾아 봅시다.

확인: 년 월 일 요일

내가 생각하는 나의 점수는? ☆☆☆☆☆

# 11 단원

# 사이시옷: 뒷산에 올라요

## 사이시옷의 의미

사이시옷은 순우리말로 된 합성어나 순우리말과 한자어로 된 합성어에서 앞말이 모음으로 끝나면 받침에 'ㅅ'을 삽입하는 규칙입니다. 사이시옷의 'ㅅ'은 [ㄷ]으로 발음되며 이 현상으로 인해 주변의 음운과 음운변동을 일으키게 됩니다. 다음의 세 가지 음운론적 현상이 같이 나타나면 'ㅅ'이 삽입됩니다. 첫째, 'ㄱ' 'ㄷ' 'ㅂ' 'ㅅ' 'ㅈ'으로 시작되는 단어가 된소리로 나는 경우로 사이시옷을 넣게 됩니다. 대표적인 예로, '바다+가[바다까] → 바닷가' '코+등[코뜽] → 콧등'이 되는 경우를 들 수 있습니다. 둘째, 뒷말의 첫소리 'ㄴ' 'ㅁ' 앞에서 'ㄴ' 소리가 덧나는 경우입니다. 예를 들어, '코+날[콘날] → 콧날' '비+물[빈물] → 빗물'이 있습니다. 셋째는 뒷말의 첫소리 모음 앞에서 'ㄴㄴ' 소리가 덧나는 경우로, '예사+일[예:산닐] → 예삿일'을 예로 들 수 있습니다.

## 표준어 규정에서의 사이시옷

**제4장 제30항**: 사이시옷이 붙은 단어는 다음과 같이 발음한다.

1. 'ㄱ' 'ㄷ' 'ㅂ' 'ㅅ' 'ㅈ'으로 시작하는 단어 앞에 사이시옷이 올 때는 이들 자음만을 된소리로 발음하는 것을 원칙으로 하되, 사이시옷을 [ㄷ]으로 발음하는 것도 허용한다.
   냇가[내:까/낻:까], 샛길[새:낄/샏:낄], 빨랫돌[빨래똘/빨랟똘], 콧등[코뜽/콛뜽], 깃발[기빨/긷빨], 대팻밥[대:패빱/대:팯빱], 햇살[해쌀/핻쌀], 뱃속[배쏙/밷쏙], 뱃전[배쩐/밷쩐], 고갯짓[고개찓/고갣찓]

2. 사이시옷 뒤에 'ㄴ' 'ㅁ'이 결합되는 경우에는 [ㄴ]으로 발음한다.
   콧날[콛날 → 콘날], 아랫니[아랟니 → 아랜니], 툇마루[퇻:마루 → 퇸:마루], 뱃머리[밷머리 → 밴머리]

3. 사이시옷 뒤에 '이' 음이 결합되는 경우에는 [ㄴㄴ]으로 발음한다.
   베갯잇[베갣닏 → 베갠닏], 깻잎[깯닙 → 깬닙], 나뭇잎[나묻닙 → 나문닙], 도리깻열[도리깯녈 → 도리깬녈], 뒷윷[뒫:뉻 → 뒨:뉻]

## 사이시옷 교수 Tip

1) 사이시옷은 [ㄷ]으로 발음하는 경우와 사이시옷을 발음하지 않는 경우 모두 표준 발음으로 인정하되, 발음하지 않는 쪽을 원칙으로 삼고 [ㄷ]으로 발음하는 것도 허용하고 있습니다. 즉 '깃발'의 경우 [기빨]이 원칙이고 [긷빨]도 허용합니다. 따라서 두 가지 모두 틀린 발음이 아니라는 것을 알려 주고 학습자에게 익숙한 발음을 사용할 수 있도록 합니다.

2) 'ㄴ'이 첨가되는 경우는 사이시옷이 음절 종성에서 [ㄷ]으로 바뀐 후 뒤에 오는 비음에 동화되어 발음이 이루어집니다. 따라서 이 경우는 위의 1)과 달리 사이시옷을 반드시 [ㄷ]으로 발음해야만 'ㄴ'으로 동화될 수 있다는 점에서 차이가 있으므로 구별하여 학습할 필요가 있습니다.

3) 'ㄴㄴ'이 첨가되는 경우로 앞선 1)이나 2)와 달리 뒷말이 '이' 또는 반모음 'ㅣ[j]'로 시작해야 한다는 조건이 있습니다. 이 경우, 앞선 규칙을 먼저 학습한 뒤라면 사이시옷이 들어간 단어 카드를 제시하고 규칙에 따라 분류해 봄으로써 개념 정리를 도울 수 있습니다. 단어 읽기 연습 표의 아랫 부분에 해당 단어를 제시하였습니다.

**11단원**

시작한 날: 월 일 요일

| 사이시옷 | 뒷산에 올라요 |
|---|---|
| 규칙 | • 뒤+산을 '뒷산'이라고 쓰고, [뒤싼/뒫싼]으로 읽어요. |

## 규칙이 적용되는 단어들을 알아 봅시다.

뒷산

댓글

골칫거리

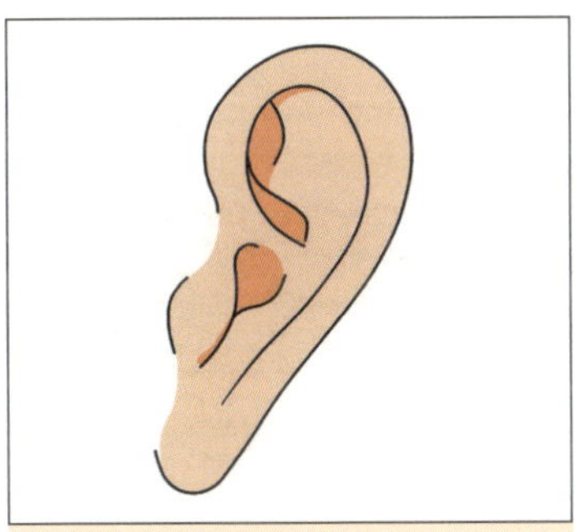

귓속

나뭇가지

보랏빛

빗물

깻잎

냇물

**원리 익히기** 사이시옷의 원리를 알아 봅시다.

뜻을 가진 단어들이 합쳐질 때, 단어 사이에 'ㅅ'이 들어가요.

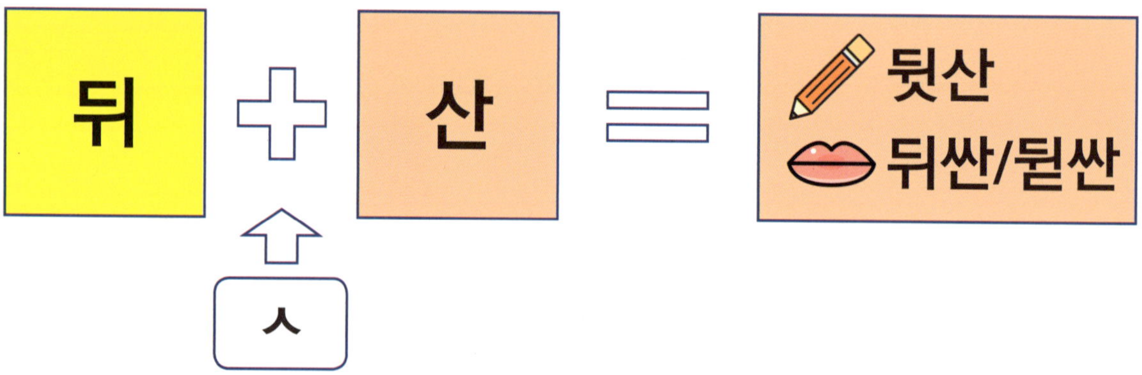


'ㅅ' 뒤에 'ㄱ' 'ㄷ' 'ㅂ' 'ㅅ' 'ㅈ'이 오면, 'ㅅ'을 'ㄷ'으로 읽어요.

'ㅅ' 뒤에 'ㄴ' 'ㅁ'이 오면, 'ㅅ'을 'ㄴ'으로 읽어요.

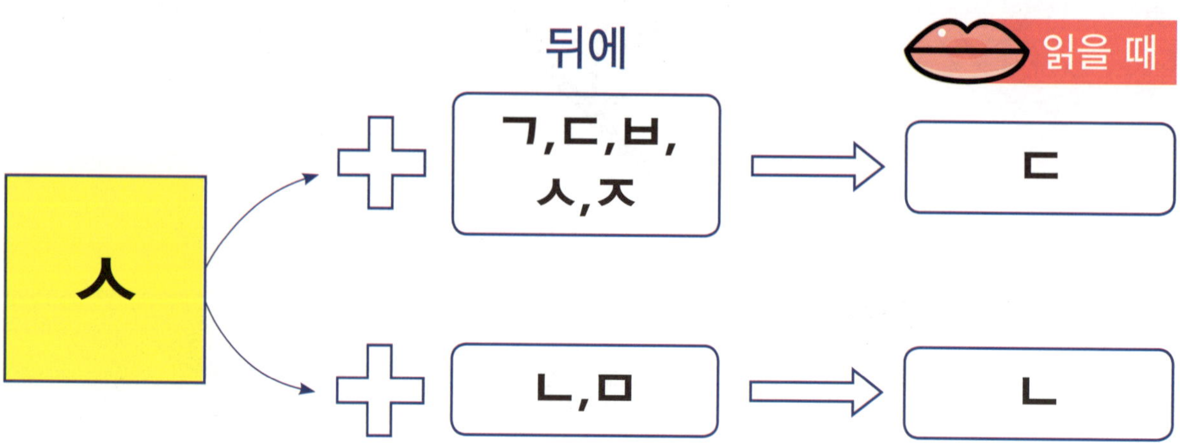

**단어 익히기** 단어를 따라 써 봅시다.

① 받침 'ㅅ'을 'ㄴ'으로 읽는 경우

냇물[낸물]

냇물

깻잎[깬닙]

깻잎

갈댓잎[갈땐닙]

갈댓잎

양칫물[양친물]

양칫물

② 받침 'ㅅ'을 'ㄷ'으로 읽는 경우

뒷산[뒤싼/뒫싼]

뒷산

댓글[대끌/댇끌]

댓글

귓속[귀쏙/귇쏙]

귓속

골칫거리[골치꺼리/골칟꺼리]

골칫거리

단어 익히기 **빠르고 정확하게 단어를 읽어 봅시다.**

종이를 반으로 접어 발음 부분을 가리고, 표기 부분을 보며 단어들을 읽어 봅시다.

| 표기(쓸 때) | 발음(소리 내어 읽을 때) |
|---|---|
| 윗면 | 윈면 |
| 윗물 | 윈물 |
| 아랫물 | 아랜물 |
| 아랫니 | 아랜니 |
| 나뭇잎 | 나문닙 |
| 깻잎 | 깬닙 |
| 숫자 | 숟짜/수짜 |
| 촛불 | 촏뿔/초뿔 |
| 텃밭 | 턷빧/터빧 |
| 찻길 | 찯낄/차낄 |
| 하룻낮 | 하룬낟 |
| 윗부분 | 윋뿌분/위뿌분 |
| 하룻밤 | 하룯빰/하루빰 |
| 콧소리 | 콛쏘리/코쏘리 |
| 장맛비 | 장맏삐/장마삐 |
| 노랫소리 | 노랟쏘리/노래쏘리 |
| 존댓말 | 존댄말/존댄말 |
| 잔칫집 | 잔칟찝/잔치찝 |
| 전깃줄 | 전긷쭐/전기쭐 |
| 찻주전자 | 찯쭈전자/차쭈전자 |

바르게 읽은 단어: ______ / 20

걸린 시간 최고 기록: 초

## 단어 익히기 알맞은 단어를 고르고, 문장을 따라 써 봅시다.

1) (뒷산 / 뒤산)에 올랐어요.

➜ ______________________________

2) 인터넷에서 (대글 / 댓글)을 읽었어요.

➜ ______________________________

3) 그 일은 참 (골칫거리 / 골치거리)예요.

➜ ______________________________

4) (귓속 / 귀속)에 귀지가 많아요.

➜ ______________________________

5) (나무가지 / 나뭇가지)에 나뭇잎이 달려 있어요.

➜ ______________________________

6) 이번 여름에는 (갯벌 / 개벌)에 가서 놀자!

➜ ______________________________

7) (윗마을 / 위마을)에는 보영이가 살아요.

➜ ______________________________

8) (빗물 / 비물)에 옷이 다 젖었어요.

➜ ______________________________

9) 계곡에서 들리는 (냇물 / 내물) 소리가 참 좋아요.

➜ ______________________________

## 뜻이 잘 드러나게 띄어 읽기

### 1. 문장을 띄어 읽어 봅시다.

- ∨ 표시에 유의하여 1)~3) 문장을 읽어 봅시다.
- 같은 문장을 다르게 띄어 읽을 때, 어느 부분을 강조하는지 말해 봅시다.
- 4)~7) 문장을 강조하고 싶은 내용에 따라 다르게 띄어 읽어 봅시다. 띄어 읽는 부분에는 ∨ 표시를 해 봅시다.

| |
|---|
| 1) 나뭇가지를∨꺾으면 안 돼.<br>나뭇가지를 꺾으면∨안 돼. |
| 2) 먼저∨찻잔을 깨끗이 씻어주세요.<br>먼저 찻잔을 깨끗이∨씻어주세요. |
| 3) 굵은 장맛비를 뚫고∨혼자 왔다는 거니?<br>굵은 장맛비를 뚫고 혼자∨왔다는 거니? |
| 4) 윗마을과 아랫마을 사이에 강이 있다. |
| 5) 삼겹살을 구워 깻잎에 싸 먹으니 아주 꿀맛이야. |
| 6) 허드렛일을 나 혼자만 해야 한다는 것은 너무해. |
| 7) 나는 주말에 동생이랑 드디어 갯벌 체험을 하러 간다. |

### 2. 사이시옷을 지키면서 읽어 봅시다. 강조하고 싶은 내용을 생각하며 띄어 읽어 봅시다. 각각 세 번씩 읽어 봅시다.

| | 1 | 2 | 3 |
|---|---|---|---|
| 1) 나뭇가지를 꺾으면 안 돼. | ○ | ○ | ○ |
| 2) 먼저 찻잔을 깨끗이 씻어 주세요. | | | |
| 3) 굵은 장맛비를 뚫고 혼자 왔다는 거니? | | | |
| 4) 윗마을과 아랫마을 사이에 강이 있다. | | | |
| 5) 삼겹살을 구워 깻잎에 싸 먹으니 아주 꿀맛이야. | | | |
| 6) 허드렛일을 나 혼자만 해야 한다는 것은 너무해. | | | |
| 7) 나는 주말에 동생이랑 드디어 갯벌 체험을 하러 간다. | | | |

## 글 읽고 내용 확인하기 1단계

### 나뭇잎 책갈피

기찻길 옆 공원에서 빨갛게 물든 나뭇잎을 주웠습니다. 가을에 나뭇잎이 빨갛거나 노랗게 물들면 단풍잎이라고 부릅니다. 나는 단풍잎을 두꺼운 옛이야기 책 사이에 잘 끼웠습니다. 하룻밤, 이틀 밤, 그리고 일주일이 지났습니다. 어느새 나뭇잎이 잘 말랐습니다. 두꺼운 종이를 덧대 책갈피를 만들었습니다. 세상에서 하나뿐인 나만의 책갈피입니다. 나의 보물이 되었습니다.

### 다양하게 읽어 봅시다.

| | 걸린 시간 | 바르게 읽은 어절 수 |
|---|---|---|
| ☆ 천천히 또박또박 읽어 봅시다. | 분 초 | / 46 |
| ☆ 녹음하면서 읽어 봅시다. | 분 초 | / 46 |
| ☆ 녹음한 내용을 듣고 다시 읽어 봅시다. | 분 초 | / 46 |

### 아래 문제를 풀어 봅시다.

1. 가을에 빨갛게 물든 나뭇잎을 무엇이라고 부르나요?

① 빨간 잎　　② 단풍잎　　③ 낙엽

2. 나는 나뭇잎으로 무엇을 만들었나요?

① 책갈피　　② 열쇠고리　　③ 동화책

## 글 읽고 내용 확인하기 2단계

### 뒷산에 올라요

햇님이는 아랫마을에 계신 할머니를 뵈러 갑니다. 할머니댁은 뒷산을 가로질러서 조금 걸어가야 합니다. 산길 옆 냇물에는 나뭇잎 하나가 둥실둥실 떠내려갑니다. 귓속으로 냇물이 졸졸 흐르는 소리와 함께 어디선가 희미한 노랫소리가 들립니다.

'음, 무슨 소리지? 근처에 노래하는 요정이라도 있나?'

주위를 둘러보았지만 아무도 보이지 않습니다. 산에 오를수록 노랫소리는 점점 커집니다. 저기 멀리 할머니 모습이 햇님이 눈에 들어옵니다.

"할머니, 할머니! 저 왔어요."

"우리 햇님이 왔니? 햇님이가 가장 좋아하는 노래를 부르면서 기다리고 있었지."

햇님이는 할머니 품에 폭 안깁니다.

### 다양하게 읽어 봅시다.

- 천천히 또박또박 읽어 봅시다. ☆
- 큰 소리로 읽어 봅시다. ☆
- 파란색 단어만 큰 소리로 읽어 봅시다. ☆
- 녹음하면서 읽어 봅시다. ☆
- 녹음한 내용을 듣고 다시 읽어 봅시다. ☆

몇 번 읽었나요? ☆☆☆☆☆

## 글 읽고 내용 확인하기 2단계

### 다시 한번 글을 소리 내어 읽어 봅시다.

#### 뒷산에 올라요

햇님이는 아랫마을에 계신 할머니를 뵈러 갑니다. 할머니댁은 뒷산을 가로질러서 조금 걸어가야 합니다. 산길 옆 냇물에는 나뭇잎 하나가 둥실둥실 떠내려갑니다. 귓속으로 냇물이 졸졸 흐르는 소리와 함께 어디선가 희미한 노랫소리가 들립니다.

'음, 무슨 소리지? 근처에 노래하는 요정이라도 있나?'

주위를 둘러보았지만 아무도 보이지 않습니다. 산에 오를수록 노랫소리는 점점 커집니다. 저기 멀리 할머니 모습이 햇님이 눈에 들어옵니다.

"할머니, 할머니! 저 왔어요."

"우리 햇님이 왔니? 햇님이가 가장 좋아하는 노래를 부르면서 기다리고 있었지."

햇님이는 할머니 품에 폭 안깁니다.

### 문제를 풀어 봅시다.

1. 이 글의 내용과 일치하지 않는 것은 무엇인가요?

① 햇님이는 할머니 댁에 가고 있다.
② 햇님이는 노래하는 요정을 만났다.
③ 할머니는 햇님이를 기다리고 계셨다.
④ 할머니는 뒷산에서 노래를 부르고 계셨다.
⑤ 햇님이는 할머니를 보자 품에 폭 안겼다.

2. 햇님이는 왜 뒷동산에 올라갔나요?

① 노래를 부르기 위해서
② 할머니를 뵙기 위해서
③ 동물들을 만나기 위해서
④ 냇물 소리를 듣기 위해서
⑤ 노래하는 요정을 만나기 위해서

## 받아쓰기

받침 'ㅅ'으로 인해 뒤에 나는 소리가 달라지는 단어를 배웠습니다.

불러주는 단어를 듣고, 받아쓰기를 해 봅시다.

받아쓰기를 완성해서, 정상에 있는 깃발을 뽑아 봅시다.

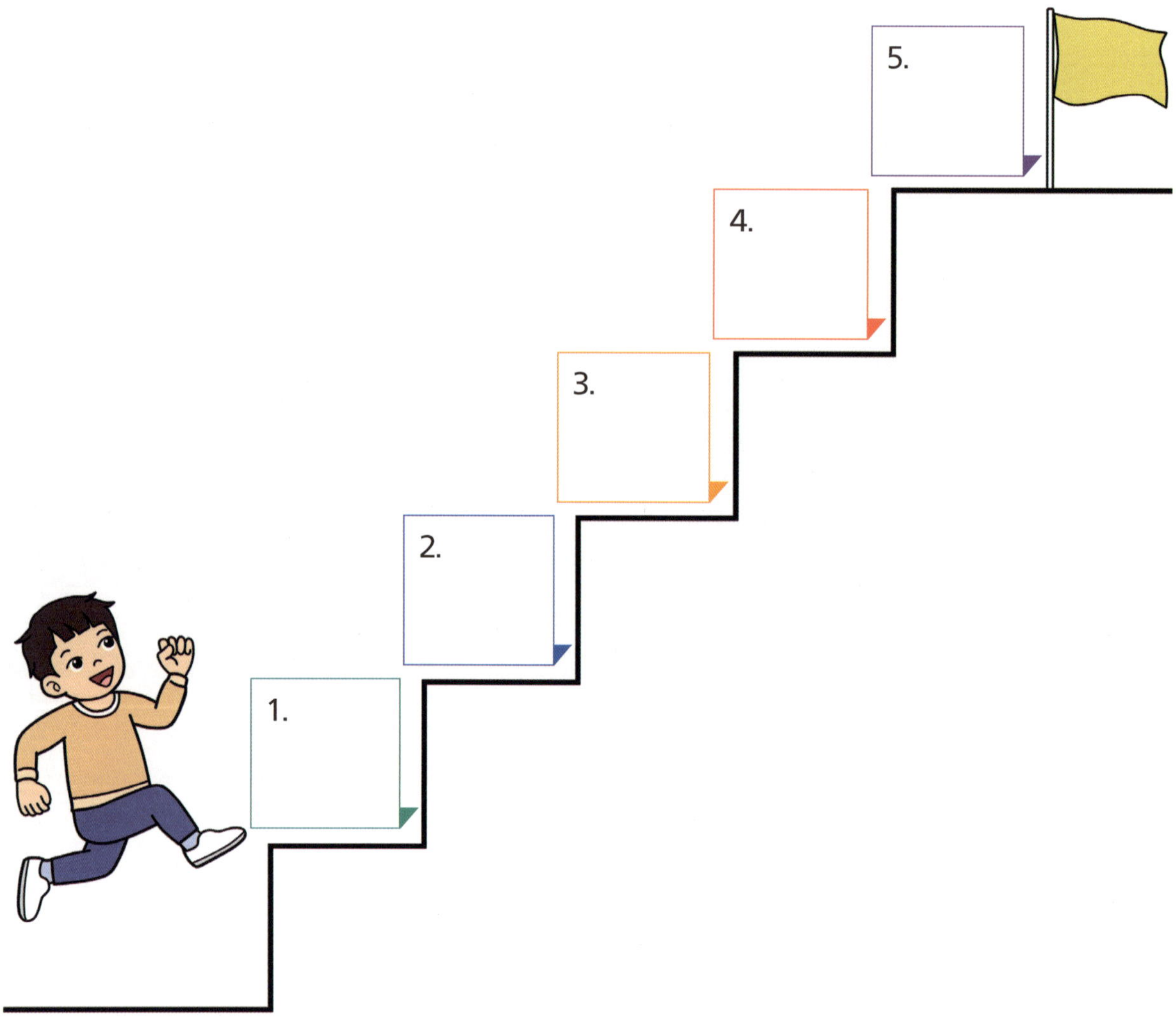

## 정리하기

단어를 바르게 읽으면서 징검다리를 건너 보세요.

징검다리를 건너 할머니께 도착했나요?

## 학생용 자기점검표 이번 단원을 잘 학습했나요? 점검해 봅시다.

<부록> 209~210쪽에 있는 단어 카드를 빠르고 정확하게 읽어 봅시다.
이번 단원에서 배운 규칙 단어를 찾아 봅시다.

이번 단원에서 기억에 남는 단어를 적어 봅시다. 잘 기억이 나지 않으면 <부록> 단어 카드를 참고하여 적어 봅시다.

| 1. |
|---|
| 2. |
| 3. |

이번 단원에서 배운 규칙을 스스로 설명해 보세요.

이번 단원에서 배운 규칙이 사용된 단어를 우리 주변에서 찾아 봅시다.

확인: 년 월 일 요일

내가 생각하는 나의 점수는? ☆☆☆☆☆

# 답안지

## 1단원 p. 22~27

### [단어 익히기]

1) 일요일
2) 월요일
3) 얼음
4) 국어
5) 씻어요
6) 거북이
7) 놀이
8) 날아오르다
9) 금요일

### [뜻이 잘 드러나게 띄어 읽기]

| |
|---|
| 1) 새가∨날아오른다. |
| 2) 봄이∨되었습니다. |
| 3) 저는∨첫째 딸입니다. |
| 4) 축구선수가∨무릎을 다쳤어! |
| 5) 아버지께서∨부엌에 계신다. |
| 6) 나영이는∨꽃을 참 좋아합니다. |
| 7) 그릇에 담긴 음식이∨맛있어 보여! |

### [글 읽고 내용 확인하기] 1단계

1. ② 할아버지
2. ③ 일요일

### [글 읽고 내용 확인하기] 2단계

1. ⑤ 토끼는 당근을 먹지 않았다.
2. ④ 적극적이다.

### [받아쓰기]

1. 월요일
2. 거북이
3. 국어
4. 얼음
5. 씻어요

## 2단원 p. 39~45

### [단어 익히기]

1) 맞추다
2) 첫째
3) 끝
4) 꽃
5) 씨앗
6) 부엌
7) 무릎
8) 그릇
9) 짚신

### [뜻이 잘 드러나게 띄어 읽기]

| |
|---|
| 1) 날씨가∨맑아요! |
| 2) 나는∨밖으로 나갔다. |
| 3) 삶은 계란은∨맛있어! |
| 4) 아빠는∨낚시를 좋아해요. |
| 5) 꽃잎에 물방울이∨맺혔다. |
| 6) 그 장난감은∨값이 비싸다. |
| 7) 낮말은∨새가 듣고, 밤말은∨쥐가 듣는다. |

### [글 읽고 내용 확인하기] 1단계

1. ② 토끼
2. ③ 무지개 빛깔

### [글 읽고 내용 확인하기] 2단계

1. ③ 나영이는 걸어서 꽃구경을 갔다.
2. ⑤ 꽃가루 알레르기가 있어서

### [받아쓰기]

1. 부엌
2. 맞추다
3. 씨앗
4. 그릇
5. 무릎

### [정리하기]

1. [부억]
2. [끋]
3. [무릅]
4. [맏추다]
5. [꼳]
6. [그륻]
7. [첟째]
8. [씨앋]
9. [집신]

## 3단원 p. 55~61

### [단어 익히기]

1) 몫
2) 앉다
3) 여덟
4) 밟다
5) 없다
6) 흙
7) 닭
8) 옮기다
9) 굶다

### [뜻이 잘 드러나게 띄어 읽기]

| |
|---|
| 1) 아이가∨밝게 웃는다. |
| 2) 학생들이∨ 자리에 앉았다. |
| 3) 더러워진 물이∨맑게 변했다. |
| 4) 요리사가∨재료를 얇게 썰었다. |
| 5) 덜 익은 감이∨떫은맛이 난다. |
| 6) 토끼가∨여덟 마리나 태어났다. |
| 7) 영식이가∨고양이 발을 밟았다. |

### [글 읽고 내용 확인하기] 1단계

1. ② 엄마
2. ① 바다

### [글 읽고 내용 확인하기] 2단계

1. ③ 선생님께서 하얀색 흙을 가져오셨다.
2. ④ 꽃이 그려진 하얀 컵

### [받아쓰기]

1. 닭
2. 흙
3. (집이) 넓네
4. (짐을) 옮기다
5. (아무도) 없다

[정리하기]

| | | | | | |
|---|---|---|---|---|---|
| | | | | | ③ 많 |
| | | ① 흙 | 투 | ② 성 | 이 |
| | | 냄 | | 공 | |
| ② 어 | 느 | 새 | | | |

## 4단원 p. 71~77

[단어 익히기]

1) 목소리
2) 궁금증
3) 각도기
4) 눈길
5) 숙제
6) 글자
7) 걱정
8) 박수
9) 학교

[뜻이 잘 드러나게 띄어 읽기]

| |
|---|
| 1) 동생이∨책상을 옮겼다. |
| 2) 나는∨축구를 하고 싶다. |
| 3) 우리는∨애국가를 불렀다. |
| 4) 스펀지가∨물을 흡수하였다. |
| 5) 엄마가∨이불을 넓게 펼쳤다. |
| 6) 나는∨저녁에 국밥을 먹었다. |
| 7) 선생님이∨코로나에 확진되셨다. |

[글 읽고 내용 확인하기] 1단계

1. ③ 음악가 선생님
2. ② 올해

[글 읽고 내용 확인하기] 2단계

1. ③ 직각
2. ③ 어려운 문제를 잘 풀어서

[받아쓰기]

1. 걱정
2. 목소리
3. 눈길
4. 글자
5. 숙제
6. 학교

[정리하기]

1. 비빔밥
2. 물고기

## 5단원 p. 87~93

[단어 익히기]

1) 석류
2) 식물
3) 막내
4) 함박눈
5) 정리
6) 음료
7) 밥맛

8) 협력

9) 앞날

## [뜻이 잘 드러나게 띄어 읽기]

| |
|---|
| 1) 석류는∨빨간 과일이다. |
| 2) 웃는 얼굴이∨보기 좋다. |
| 3) 함박눈이∨펑펑 내렸어요. |
| 4) 새빨간 거짓말을∨하더군. |
| 5) 밥 짓는 냄새가∨너무 좋구나. |
| 6) 아빠께서∨따끈한 국물을∨드셨다. |
| 7) 나는∨톡 쏘는 탄산음료를∨좋아해. |

## [글 읽고 내용 확인하기] 1단계

1. ② 7시
2. ② 국물

## [글 읽고 내용 확인하기] 2단계

1. ③ 태영: 아침부터 밖에서 놀아서 어머니께 혼났겠다.
2. ③ 활기차다

## [받아쓰기]

1. 국물
2. 식물
3. 협력
4. 윗마을
5. 앞마당
6. 옛날

## [정리하기]

| | | | | | | |
|---|---|---|---|---|---|---|
| | 친구 | | | | 사랑 | |
| 꽃망울 | 부엌 | 소리 | | 식물 | 강릉 | 없는 |
| 밥물 | 윗마을 | 협력 | 격려 | 국물 | 아랫마을 | 함박눈 |
| | 밥맛 | 음료 | 앞마당 | 앞날 | 닫는다 | |
| | | 정리 | 건축물 | 대통령 | | |
| | | | 깎는 | | | |

# 6단원 p. 103~109

## [단어 익히기]

1) 연료

2) 칼날

3) 한라산

4) 편리

5) 곤란하게

6) 줄넘기

7) 달님

8) 분류해

9) 물놀이

## [뜻이 잘 드러나게 띄어 읽기]

| |
|---|
| 1) 물냉면이∨얼음처럼 차갑다. |
| 2) 학교 앞 실내놀이터는∨넓다. |
| 3) 나는 대관람차를∨좋아한다. |
| 4) 촌락의 옛날 모습을∨살펴보자. |

| 5) 미미는∨나의 귀여운 반려동물입니다. |
|---|
| 6) 한라산은∨우리나라에서 가장 높은 산이다. |
| 7) 나는∨짝과 함께 뛰는 줄넘기를∨좋아한다. |

### [글 읽고 내용 확인하기] 1단계

1. ① 원하는 책을 찾아 준다.
2. ① 300번

### [글 읽고 내용 확인하기] 2단계

1. ② 활기차다
2. ⑤ 할머니는 세은이가 오는 것을 싫어하신다.

### [받아쓰기]

1. 10월 9일은 ( **한글날** )이다.
2. ( **달님** )에게 소원을 빌었다.
3. 도서관에서는 책을 ( **분류** )해.
4. ( **과일나무** )에 열매가 열렸다.
5. ( **칼날** )에 손이 베였어.
6. 스마트폰이 참 ( **편리하구나** )!
7. 어서 ( **물놀이** ) 가자!
8. 그 부탁은 ( **곤란해** ).

### [정리하기]

| 줄 | 렴 | 끼 | 소 | 루 | 나 | 영 |
|---|---|---|---|---|---|---|
| 넘 | 불 | 다 | 했 | 물 | 놀 | 이 |
| 기 | 로 | 칼 | 랄 | 로 | 리 | 종 |
| 펼 | 리 | 날 | 오 | 방 | 곤 | 색 |
| 리 | 발 | 아 | 폈 | 골 | 란 | 해 |
| 하 | 달 | 님 | 솟 | 아 | 하 | 염 |
| 다 | 림 | 불 | 류 | 하 | 다 | 본 |

## 7단원

p. 119~125

### [단어 익히기]

1) 붙이세요
2) 끝이
3) 똑같이
4) 등받이
5) 햇볕이
6) 굳이
7) 미닫이문
8) 논밭이
9) 쇠붙이

### [뜻이 잘 드러나게 띄어 읽기]

| 1) 방문이∨쾅 닫혔어요. |
|---|
| 2) 너는∨토끼같이 귀엽구나! |
| 3) 뜨거운 햇볕을∨피하고 싶어. |
| 4) 회색빛의 먹구름이∨걷혔어요. |
| 5) 나는∨눈부신 해돋이를∨봤어요. |
| 6) 연필의 끝이∨바늘처럼 뾰족하다. |
| 7) 반짝이는 노란색 스티커를∨붙여 볼까요? |

### [글 읽고 내용 확인하기] 1단계

1. ③ 포도밭
2. ① 갑자기 비가 와서

### [글 읽고 내용 확인하기] 2단계

1. ④ 몸 색깔과 크기가 똑같아서
2. ④ 머리털의 끝을 똑바로 세웠다.

## [받아쓰기]

1. 논밭이
2. 사과같이
3. 굳이
4. 붙인다
5. 끝이다

## [정리하기]

# 8단원 p. 135~141

## [단어 익히기]

1) 노력합시다
2) 약속해요
3) 따뜻해졌다
4) 행복하다
5) 시작했다
6) 연습해야겠다
7) 깨끗하게
8) 생각할수록

## [뜻이 잘 드러나게 띄어 읽기]

| |
|---|
| 1) 공기가 맑고∨하늘이 파랗다. |
| 2) 주말 나들이가 많아서∨고속도로가 막히네요. |
| 3) 강아지와 함께 사는데도∨집이 참 깨끗하군요. |
| 4) 날씨가 서늘해지자,∨노을이 더 빨갛게 물들어요. |
| 5) 우리 반 선생님은∨친절하시고 재미있어요. |
| 6) 이 송편은∨엄마가 만드신 송편과∨모양이 비슷해요. |
| 7) 입학식은∨대부분의 학교가 그렇듯이∨3월에 있어요. |

## [글 읽고 내용 확인하기] 1단계

1. ② 시골
2. ① 보리차

## [글 읽고 내용 확인하기] 2단계

1. ③ 피아니스트가 멋지게 연주해서
2. ⑤ 기쁨

## [받아쓰기]

1. 음악회
2. 입학
3. 흡혈귀
4. 따뜻하다
5. 약속하다
6. 노력하다

## [정리하기]

**받아쓰기 시험**

김지원

| | |
|---|---|
| 1 | 누구도 가지 않던 길 |
| 2 | 나는 행보캅니다.<br>나는 행복합니다. |
| 3 | 꽃들이 만코 사람은 적었다.<br>꽃들이 많고 사람은 적었다. |
| 4 | 길을 밝히던 가로등 |
| 5 | 장미꽃 한 송이를 샀다. |
| 6 | 복자판 도시를 떠나 시골로<br>복잡한 도시를 떠나 시골로 |
| 7 | 친구와 가기로 약소캤어요.<br>친구와 가기로 약속했어요. |
| 8 | 열심히 노력칼게요.<br>열심히 노력할게요. |
| 9 | 유치원에 입학하는 동생 |
| 10 | 선생님 질문에 대다팼어요.<br>선생님 질문에 대답했어요. |

지원이는 ( 4 )개 문제를 맞혔습니다.

# 9단원 p. 151～157

## [단어 익히기]

1) 좋아요
2) 끊어요
3) 넣어
4) 땋아야
5) 끓어요
6) 싫어한다
7) 놓아요
8) 낳아요
9) 많아요

## [뜻이 잘 드러나게 띄어 읽기]

| |
|---|
| 1) 국어는 어렵지만, ∨수학은 어렵지 않아. |
| 2) 너는 물을 가져오고, ∨나는 수저를 놓을게. |
| 3) 개는 강아지를 낳았고, ∨소는 송아지를 낳는다. |
| 4) 학생은 공부는 안 해도, ∨운동은 싫어도 해야 해. |
| 5) 난 그 생각은 못 했는데, ∨그것참 좋은 생각이구나. |
| 6) 나는 바람개비를 만들기 위해, ∨종이에 구멍을 뚫는다. |
| 7) 나는 줄넘기도 좋아하고, ∨레고를 쌓는 것도 좋아한다. |

## [글 읽고 내용 확인하기] 1단계

1. ② 쌀
2. ③ 호박떡

## [글 읽고 내용 확인하기] 2단계

1. ② 동생이 먹어서
2. ② 토돌이와 토순이

## [받아쓰기]

1. 좋아요
2. 싫어요
3. 많아요
4. 놓아요
5. 낳아요

## [정리하기]

1. 쌓였다
2. 많아요
3. 낳아요
4. 좋아요
5. 끊어요
6. 싫어하다

## 10단원 p. 167~173

### [단어 익히기]

1) 담요
2) 한여름
3) 솔잎
4) 식용유
5) 물약
6) 집안일
7) 솜이불
8) 휘발유
9) 서울역

### [뜻이 잘 드러나게 띄어 읽기]

(강조하고 싶은 내용에 따라 다르게 띄어 읽을 수 있습니다.)

| 4) 마지막으로∨식용유를 넣어 주세요. |
|---|
| 5) 비 때문에 꽃잎들이∨촉촉하게 젖었다. |
| 6) 내 과자를 야금야금∨먹지 말아 줘. |
| 7) 한국에서는∨한여름에 팥빙수를 먹습니다. |

### [글 읽고 내용 확인하기] 1단계

1. ③ 공원
2. ③ 옷

### [글 읽고 내용 확인하기] 2단계

1. ② 솜이불 장롱에서 꺼내기
2. ④ 부모님을 도와드릴 수 있어서

### [받아쓰기]

1. 솔잎
2. 물약
3. 한여름
4. 식용유
5. 솜이불

### [정리하기]

**받아쓰기 시험**

20XX년 5월 8일
3학년 1반 김성은

| | |
|---|---|
| 1 | 서울역 |
| 2 | 물약 |
| 3 | 알약 |
| 4 | 솔잎 |
| 5 | 담요 |
| 6 | 집안닐 집안일 |
| 7 | 솜이불 |
| 8 | 식용뉴 식용유 |
| 9 | 휘발류 휘발유 |
| 10 | 한여름 |

성은이는 ( 7 )개의 단어를 바르게 썼습니다.

## 11단원 p. 183~188

### [단어 익히기]

1) 뒷산
2) 댓글
3) 골칫거리
4) 귓속
5) 나뭇가지

6) 갯벌

7) 윗마을

8) 빗물

9) 냇물

### [뜻이 잘 드러나게 띄어 읽기]

(강조하고 싶은 내용에 따라 다르게 띄어 읽을 수 있습니다.)

| 4) 윗마을과 아랫마을 사이에 ∨강이 있다. |
|---|
| 5) 삼겹살을 구워 깻잎에 싸 먹으니 아주∨꿀맛이야. |
| 6) 허드렛일을 나 혼자만∨해야 한다는 것은 너무해. |
| 7) 나는 주말에 동생이랑 드디어∨갯벌 체험을 하러 간다. |

### [글 읽고 내용 확인하기] 1단계

1. ② 단풍잎
2. ① 책갈피

### [글 읽고 내용 확인하기] 2단계

1. ② 햇님이는 노래하는 요정을 만났다.
2. ② 할머니를 뵙기 위해서

### [받아쓰기]

1. 귓속
2. 냇물
3. 댓글
4. 빗물
5. 윗마을

# 〈부록〉

## 단어 카드

일요일

월요일

금요일

국어

씻어요

거북이

놀이

날아오르다

얼음

부엌

그릇

씨앗

첫째

맞추다

꽃

끝

짚신

무릎

| | | |
|---|---|---|
| 몫 | 앉다 | 여덟 |
| 밟다 | 없다 | 흙 |
| 닭 | 옮기다 | 굶다 |
| 걱정 | 궁금증 | 글자 |
| 눈길 | 학교 | 각도기 |
| 목소리 | 박수 | 숙제 |

함박눈

밥맛

식물

음료

정리

협력

석류

앞날

막내

곤란하다

달님

물놀이

분류하다

연료

줄넘기

칼날

편리하다

한라산

| | | |
|---|---|---|
| 굳이 | 등받이 | 미닫이 |
| 똑같이 | 붙이다 | 쇠붙이 |
| 끝(이) | 밭(이) | 햇볕(이) |
| 국화 | 흡혈귀 | 독하다 |
| 연습하다 | 약속하다 | 따뜻하다 |
| 깨끗하다 | 행복하다 | 생각하다 |

좋아요

많아요

싫어하다

땋아야

잃어버리다

놓아요

넣어

낳아요

끊어요

솜이불

집안일

한여름

담요

식용유

솔잎

물약

서울역

휘발유

| 뒷산 | 댓글 | 골칫거리 |
|---|---|---|
| 귓속 | 나뭇가지 | 보랏빛 |
| 빗물 | 깻잎 | 냇물 |

# 저자 소개

## 김동일(Kim, Dongil)

현재 서울대학교 사범대학 교육학과 교육상담전공 교수 및 대학원 특수교육전공 주임교수로 재직하고 있다. 서울대학교 교육학과를 졸업하고, 교육부 국비 유학생으로 선발되어 미네소타대학교 교육심리학과에서 석·박사학위를 취득하였으며, Developmental Studies Center Research Associate, 한국청소년상담원 상담교수, 경인교육대학교 교육학과 교수, 한국학습장애학회 회장, 한국교육심리학회 회장, 한국특수교육학회 부회장, 서울대학교 대학생활문화원 원장, (사)한국상담학회 법인이사, 한국청소년상담(복지개발)원 법인이사, (사)한국교육심리학회 법인이사 등을 역임하였다. 2002년부터 국가 수준의 인터넷중독 척도와 개입연구 진행으로 정보화역기능예방사업에 대한 공로를 인정받아 행정안전부장관 표창(2009년)을 수상하였고, 한국상담학회 공인학술지 『상담학연구』 게재 우수논문으로 한국상담학회 학술상 수상(2014, 2015, 2022년), 2020년에는 교육부장관 학술상(제20-1075호)을 수상하였다. 현재 BK21 FOUR 혁신과 공존의 교육연구단장, BK21 서울대협의회 인문사회계 대표, 서울대학교 평의원 Senator, 서울대학교 다중지능창의성연구센터(SNU MIMC Center) 소장, 서울대학교 특수교육연구소(SNU SERI) 소장 및 한국아동청소년상담학회 회장 등으로 봉직하고 있다.

2020년 대한민국 교육부와 한국연구재단의 지원을 받아 수행됨
(NRF-2020S1A3A2A02103411)

This work was supported by the Ministry of Education of the Republic of Korea and the National Research Foundation of Korea
(NRF-2020S1A3A2A02103411)

## 연구진

음운변동 SNU_SSK교육사각지대학습자 연구단

참여연구원: 조은정(서울대학교 특수교육연구소 연구원)
송푸름(서울대학교 특수교육연구소 연구원)
전유라(서울대학교 특수교육연구소 연구원)
임민라(서울대학교 특수교육연구소 연구원)
전성화(서울대학교 특수교육연구소 연구원)
전영선(서울대학교 특수교육연구소 연구원)
임진형(서울대학교 특수교육연구소 연구원)
김명난(서울대학교 특수교육연구소 연구원)

BASA와 함께하는
읽기능력 증진 개별화 프로그램

읽기 나침반
5 음운변동편

2024년 9월  5일 1판 1쇄 인쇄
2024년 9월 10일 1판 1쇄 발행

지은이 • 김동일
펴낸이 • 김진환
펴낸곳 • (주) 학지사
04031 서울특별시 마포구 양화로 15길 20 마인드월드빌딩
대 표 전 화 • 02)330-5114  팩스 • 02)324-2345
등 록 번 호 • 제313-2006-000265호

홈 페 이 지 • http://www.hakjisa.co.kr
인스타그램 • https://www.instagram.com/hakjisabook

ISBN 978-89-997-3217-1 94370
978-89-997-1410-8 (set)

정가 20,000원